KB117762

〈팔뼈가 있는 자화상〉(1895)

〈태양〉(1911~1916)

유네스코 세계 자연유산에 등재된 노르웨이 가이랑게르 피오르

❶ 오슬로 시청 '뭉크의 방'
뭉크를 사랑한 오슬로

1915년 오슬로 시청 건물의 신축 결정과 함께 시청 내부 벽화를 그릴 화가로 뭉크가 거론되었지만 무산된다. 그러나 오슬로 시는 1939년 뭉크의 〈인생〉이 경매 시장에 나오자 이 그림을 구입했고, '뭉크의 방'이라는 공간을 만들었다. 이 방은 현재 기자 회견장이나 소규모 연회장으로 주로 사용되고, 한 달에 한 번 결혼식 장소로도 이용된다.

❷ 오슬로 대학 강당
노르웨이 대형 공공 미술의 백미

오슬로 대학 강당 장식화는 뭉크가 1916년 완성하여 지금은 오슬로 대학의 상징물이 된 거대 벽화로, 노르웨이 대형 공공 미술의 백미이자 대표작으로 꼽힌다. 〈태양〉 〈역사〉 〈알마 마테르〉로 이루어져 있으며, 민족의 역사와 전통을 널리 퍼뜨리자는 자주성과 희망을 담고 있다. 이곳은 주로 오슬로 대학 행사에 사용되며, 한 달에 한 번 무료 개방한다.

❸ 노르웨이 국립 미술관 뭉크 전시실
뭉크 예술의 하이라이트

뭉크 미술관 다음으로 뭉크의 작품을 많이 소장하고 있으며, 뭉크의 대표작들을 모아놓은 뭉크 전시실을 따로 갖추고 있다. 이곳에 전시된 작품들은 〈생의 프리즈〉의 출품작들과 완전히 일치하지는 않지만, 다수의 그림들이 〈생의 프리즈〉에 포함된 그림들이다. 이 전시실에 들어섰을 때 받는 느낌은 마치 1902년 〈생의 프리즈〉를 마주하는 것 같다.

❹ 블롬크비스트 갤러리
뭉크가 열세 번이나 전시회를 연 갤러리

블롬크비스트 갤러리는 1870년 개관하여 1914년까지 칼 요한 거리에 있었는데, 이후에 오슬로 시청 뒤편의 현재 위치로 이전했다. 뭉크는 독일에서 큰 성공을 이룬 후 1895년 노르웨이에서 첫 전시회를 열 곳으로 이 갤러리를 선택했는데, 이 전시회는 많은 논란을 불러일으켰다. 당대의 대문호 헨리크 입센도 이 전시회를 계기로 뭉크와 인연을 맺게 된다.

❺ 폴트우스텐
뭉크와 친구들의 아틀리에

뭉크는 열여덟 살이던 1882년 이 건물 꼭대기 층에 친구들과 공동으로 아틀리에를 임대한다. 이곳에서의 경험은 뭉크의 청춘 시절과 작품에 커다란 영향을 끼쳤다. 당대 유명 화가인 크리스티안 크로그의 아틀리에도 이 건물에 있었는데, 크로그는 뭉크와 친구들에게 무료로 미술 강습을 해주기도 했다. 현재 건물 앞에는 크로그의 동상이 있다.

❻ 프라이아 초콜릿 공장
세계적인 초콜릿 공장과 뭉크

프라이아 초콜릿 공장 사장이었던 홀스트는 1922년, 공장 설립 25주년을 맞아 뭉크에게 연작 그림을 주문한다. 뭉크는 12점의 그림을 완성했고, 이를 '프라이아 프리즈'라고 부른다. 〈프라이아 프리즈〉는 현재 프라이아 홀을 장식하고 있다. 프라이아 홈페이지에서 사전 예약을 하면 공장 견학과 초콜릿 만들기 체험 및 프라이아 홀 관람이 가능하다.

❼ 뭉크 미술관
뭉크 예술의 집대성

오슬로 시가 세운 미술관으로, 뭉크 탄생 100주년이 되는 해인 1963년 개관했다. 뭉크는 말년에 소장하고 있던 모든 작품과 유품을 오슬로 시에 기증했다. 이후 뭉크의 막냇동생 잉게르와 예술품 수집가 스텐네르센의 기증으로 소장품이 더 늘어나게 된다. 뭉크와 관련하여 최대 규모의 소장품과 관련 기록 및 유품을 보유하고 있다.

❽ 에켈리 윈터 아틀리에
뭉크가 고독한 노년을 보낸 아름다운 곳

에켈리는 1916년부터 1944년 사망할 때까지 뭉크가 인생의 3분의 1 이상을 거주한 곳이다. 이곳은 오슬로 시내와 가까운 해안가로 지금은 대표적인 부촌이 형성되어 있다. 뭉크 미술관 완공 후 주 가옥은 철거되어 현재는 '뭉크의 아틀리에'라는 이름으로 윈터 아틀리에 건물만이 남아 있다. 뭉크 미술관의 관리 아래 매년 6월부터 9월까지 주말에만 개방한다.

일러두기

- 미술, 음악, 영화 등의 작품명은 〈 〉, 신문, 잡지, 카탈로그는 《 》, 시, 단편소설, 희곡, 칼럼은
「 」, 단행본, 장편소설은 『 』로 표기했다.
- 미술 작품의 크기는 세로×가로 순으로 표기했다. 뭉크의 작품인 경우 화가의 이름을 따
로 밝히지 않았다.
- 뭉크의 노트 인용 시 나오는 'MM T'와 'MM N'은 각각 'Munchmuseet tegning (뭉크 미술관 드
로잉/스케치)', 'Munchmuseet note'(뭉크 미술관 노트)라는 뜻으로, 뭉크의 노트, 편지, 드로잉의
등록 번호이다. 본문에 인용한 내용은 모두 디지털 아카이브 'emunch.no'를 참조했다.
- 노르웨이 인명을 포함한 고유명사는 현지 발음에 가깝게 표기했으며, 통용되는 일부 표기
는 국립국어연구원의 외래어표기법을 따랐다.

뭉크

×

유성혜

노르웨이에서 만난 절규의 화가

arte

75세 생일 때 윈터 아틀리에에서의 뭉크

CONTENTS

생의 비통과 절망,
불멸의 예술로 꽃피다

에드바르 뭉크의 키워드는 단연 '절규'다. '절규'는 전 세계에서 가장 유명하고 친숙한 예술 작품의 제목이자, 화가 뭉크의 드라마틱한 삶과도 더없이 어울리는 단어이기도 하다.

뭉크의 대표작 〈절규〉는 오늘날 어디에서나 쉽게 접할 수 있다. 영화, 잡지, 텔레비전 등에서 〈절규〉의 트레이드마크라 할 만한 해골 같은 얼굴을 수없이 패러디하고, 앤디 워홀을 비롯한 많은 예술가들이 뭉크의 걸작들을 모티프로 한 작품을 만들고 있기 때문이다. 이 그림 하나가 세대와 국경을 뛰어넘어 이토록 사랑받는 이유는 무엇일까.

이 그림을 찬찬히 들여다보자. 새빨간 하늘과 시푸른 바다가 구불구불 요동치는 혼돈의 세상. 그 중심에 한 사람이 서 있다. 그 얼굴은 머리카락도 눈썹도 없으며, 비정상적으로 일그러졌고, 과장되

〈절규〉판지에 템페라와 크레용, 91×73.5cm, 1893, 노르웨이 국립 미술관

뭉크는 몰라도 이 그림을 모르는 사람은 거의 없을 정도로 전 세계에서 가장 유명한 그림 중
하나다. 〈절규〉는 4개의 버전과 판화본이 남아 있는데, 이 국립 미술관 소장 버전이 대중적으
로 많이 알려져 있다. 이 그림을 보면 삶의 본질적 고통과 대면한 한 고독한 예술가의 격정과
혼이 느껴진다.

게 입을 벌리고 있다. 그의 몸은 세상과 함께 굽이치며 흔들린다. 그는 두 손으로 귀를 틀어막고, 초점 없이 치켜뜬 눈으로 무언가에 소스라쳐 놀라며 두려워하고 있다.

이와는 대조적으로 원경의 바다 위에는 배 두 척이 평행하게 고요히 떠 있고, 중심인물의 뒤쪽에는 두 사람이 나란히 서 있다. 화면을 대각선으로 가로지르는 난간 역시 길고 곧게 뻗어 있다. 배와 난간 등 형태를 인지할 수 있는 사물과 후경의 두 사람은 마치 정지된 화면처럼 안정적이고 경직되어 있는 반면, 중심인물과 그를 둘러싼 자연환경은 마치 '다른 차원'에 존재하는 것처럼 광폭하게 움직이며 불안하게 흔들리고 있다. 이렇듯 이 그림은 두 개의 세계를 담고 있으며, 대조를 이루는 상반된 상황 때문에 혼란과 충격의 분위기를 더욱 고조시킨다.

"나는 보이는 것을 그리는 게 아니라 본 것을 그린다."

뭉크가 남긴 많은 글 가운데 그의 예술을 가장 집약적으로 나타내는 문구이다. 뭉크는 당시 대부분의 화가들처럼 풍경이나 사물을 눈에 보이는 대로 그리지 않았다. 다시 말해, 대상을 관찰해서 그리는 것이 아니라 자신이 본 것, 자신의 기억을 그리려고 했다.

기억이란 감정과 생각에 따라 만들어지는 것이며, '기억을 그린다는 것'은 그림의 대상이 화가의 뜻대로 '해석'되고 '편집'된다는 것을 의미한다. 뭉크의 그림이 바로 그러했다. 〈절규〉에서 배와 난간, 후경의 두 사람이 단순히 '보이는' 것이라면, 역동적으로 빠르게 휘몰아치는 듯한 자연 풍경과 공포에 떠는 중심인물은 자신이 보고 경험했던 강렬한 기억을 시각화한 것이었다. 화가로서 그는 한발 물러선 관찰자가 아니라 주인공이자 화자話者였다.

'자신이 기억하는 감정'을 그리기 시작한 뭉크는 새로운 표현 방법을 필요로 했다. 기존의 표현 방법으로는 자신이 겪은 그 격렬하고도 강렬한 경험을 사람들에게 제대로 전달할 수가 없었다. 그는 강렬한 색채를 사용하고, 대상을 왜곡시켰다. 그렇게 '자신이 기억하는 감정'을 담아내는 표현 기법을 스스로 만들어낸 것이다.

뭉크의 예술은 그의 인생과 밀접하게 연관되어 있다. 뭉크는 평생 외롭고 고독했다. 어린 시절엔 죽음의 그림자가 늘 드리워져 있었고, 청년이 되어서는 사랑을 갈구하고 그에 집착했다. 비극적 이별과 좌절을 겪고, 병마에 시달리면서 정신병을 앓기까지 했다. 공황 장애, 우울증, 불면증, 정신 분열, 불안 장애, 환각, 피해망상 등의 정신병적 증상들은 뭉크의 작품에 고스란히 드러난다. 예민하고 감수성이 풍부한 사람이었기에, 그는 자신에게 닥친 불운과 불행에 대해 보통의 사람들보다 더 민감하게 반응했다. 그는 자신의 감정에 집중했고, 자기 내면의 심연으로부터 그림의 대상을 찾았다. 대표작 〈절규〉를 비롯하여 〈마돈나〉 〈불안〉 〈아픈 아이〉 〈이별〉 〈키스〉 등의 모티프를 그는 몸소 겪은 경험에 가져왔다. 그래서 그의 그림은 마치 그림으로 된 일기장을 보는 듯하다.

뭉크의 작품이 담고 있는 사랑, 불안과 공포, 외로움과 고독의 감정들은 사람이라면 누구나 겪는 삶의 근원적인 감정들이다. 따라서 사람들은 그의 그림에서 뭉크라는 한 개인이 아닌, 자기 자신의 모습을 찾아내게 된다. 나와 나의 가족, 나의 친구의 이야기를 뭉크의 그림에서 보는 것이다. 그의 그림에서 많은 이들이 동감과 교감의 지점을 찾는 것은 이 때문이다.

노르웨이에서 뭉크를 언급할 때는 '국민 화가'라는 수식어가 항상 따라다닌다. 〈절규〉가 숱하게 패러디되고 그의 작품을 활용한 상품들이 전 세계적으로 대중의 사랑을 받아서, 혹은 소더비 미술품 경매 시장에서 1억 1,992만 달러라는, 당시 사상 최고가를 기록했기에 뭉크를 국민 화가라 부르는 것은 아니다. 그가 국민 화가로 인정받는 이유는 척박하고 극단적으로 변화하는 자연환경 속에서 생존해 온 노르웨이인만의 민족적 기질을 가지고 있기 때문이다. 그가 노르웨이가 아닌 풍요롭고 따뜻한 남쪽 나라에서 태어나 자랐다면, 그의 예술이 이토록 꽃을 피울 수 있었을까?

뭉크가 인생에서 경험한 감정들은 어쩌면 노르웨이의 광활한 자연과 극단적인 계절 변화 속에서 더 증폭되었을 것이다. 노르웨이의 겨울은 칠흑 같은 어둠이 하루의 대부분을 차지하고, 온 세상이 추위와 눈으로 뒤덮여 얼어 죽은 듯 굳어버린 무채색의 풍경이 오랫동안 지속된다. 반면 노르웨이의 여름은 눈이 아플 정도로 햇빛이 찬란하고, 온 세상의 생물들이 에너지를 뿜어내는 듯 강렬한 원색의 풍경이 짧은 계절을 화려하게 장식한다. 매년 이와 같이 반복되는 드라마틱한 계절 변화가 뭉크의 감정을 더욱 동요시키고 심리를 혼란스럽게 한 것은 아닐까.

노르웨이의 황량한 환경 역시 인간의 근원적인 감정에 집중하는 뭉크의 예술에 영향을 주었을 것이다. 노르웨이는 대한민국보다 면

바다까지 얼어붙는 노르웨이의 겨울 그리고 강렬한 햇빛

적은 3배 이상 넓지만, 인구는 10분의 1 수준이다. 전체 국토 면적의 5퍼센트만을 인간이 사용하고, 나머지 95퍼센트는 야생의 땅으로 남아 있다. 그리고 이 중에서 3분의 1 이상은 농작조차도 할 수 없는 험난한 산악 지대로 늘 만년설에 뒤덮여 있다.

이렇게 거친 자연조건 속에서 기나긴 겨울의 혹독한 추위와 어둠을 견뎌내는 노르웨이인들은 고독에 익숙하다. 북쪽 사람들만의 정서적 생존법일 터이다. 뭉크에게 고독은 그림을 그리게 된 동기인 동시에 원동력이기도 했다. 뭉크는 혼자여서 외로웠지만, 평생에 걸쳐 철저하게 혼자인 삶을 추구했다. 척박한 땅의 외로움과 고독의 기운은 그의 걸작들을 탄생시킨 터전이나 다름없다.

노르웨이의 고독한 감성을 그린 화가 뭉크의 행적을 더듬어갈 나의 기행은 내가 노르웨이로 온 이후 한국과는 다른 자연과 역사와 문화를 접하면서 느낀 감정과 생각들이 뭉크의 그림과 겹쳐지는 바로 그 지점에서부터 시작될 것이다. 그리고 뭉크가 가장 사랑했고 동시에 가장 외로움을 느낀 장소들을 찾아가보려 한다. 더불어 뭉크가 떠나고 한 세기가 지난 지금, 그가 그림에 담은 '고독'의 실체를 느끼고, 내 것으로 만들어볼 것이다.

1, 2, 3장에서는 뭉크가 유소년기와 청년기를 보냈던 크리스티아니아, 지금의 오슬로 곳곳을 가볼 것이다. 청년기 화가로서의 감수성을 쌓은 오슬로의 중심가 칼 요한 거리, 그리고 그렇게 쌓인 감성이 폭발하며 창조된 〈절규〉가 그려진 에케베르그 언덕, 슬픔과 외로움의 소년기를 보낸 그뤼네르로카를 거닐어볼 것이다.

4장과 5장에서는 뭉크가 사랑했던 여인들, 그리고 그들과의 추억이 서려 있는 오스고쉬트란드를 가볼 것이다. 이곳은 뭉크에게 안식처와 같은 곳이었지만, 또 한편으론 쓰라린 첫사랑의 추억과 마지막 사랑의 극적인 이별의 아픔으로 괴로워하던 곳이기도 하다.

6장과 7장은 각각 베를린과 파리에 할애한다. 베를린은 뭉크에게 큰 행운을 가져다준 곳으로, 그에게 제2의 고향과도 같은 곳이다. 뭉크의 유학지이자 당시 세계 화단의 중심지였던 파리는 뭉크가 다양하고 진보적인 세계 미술의 흐름을 습득하고 예술적 자극을 받은 곳이다.

8, 9, 10장에서는 뭉크가 노르웨이의 국내외를 떠돌며 보낸 세월을 따라 그 시기에 제작한 그의 작품들을 훑어볼 것이다.

마지막으로 11장에서는 다시 노르웨이로 돌아와 뭉크가 마지막 30년을 보낸 오슬로 외곽의 에켈리를 둘러보고, 12장에서는 뭉크의 죽음 이후 이야기를 뭉크 미술관을 중심으로 풀어보겠다.

뭉크의 삶과 예술을 찬찬히 되짚어보는 나의 이 기행이 화가 뭉크를 새롭게 발견하는 계기가 되기를 바란다. 뭉크가 사랑했고 고통받았던 장소들을 찾아가 보며 그의 작품들이 탄생할 수 있었던 순간들을 공감해보려고 한다. 이 여정에 당신을 조심스럽게 초대해본다.

01

EDVARD MUNCH

도시를 방황하는
청춘의 그림자

스무 살 문턱 그리고 크리스티아니아 보헤미안

청춘은 가슴 설레고 희망적이면서도, 한편으로는 불안하고 혼란스러운 시기다. 모든 것이 미숙하여 실수투성이의 첫사랑을 경험하고, 주체적인 삶의 첫발을 내딛으려다가 여러 번 실패와 좌절을 겪기도 한다. 이상과 현실의 괴리, 미래에 대한 불안…… 더불어 이 시기에 빼놓을 수 없는 것이 바로 방황과 고독이다.

감수성이 예민했던 뭉크의 어린 시절은 남들보다 더욱 호되었다. 다섯 살 때 어머니가 폐결핵으로 세상을 떠나고 열세 살 때는 누이 소피에마저 폐결핵으로 목숨을 잃자 정신적으로 큰 충격을 받는다. 뭉크의 아버지는 견디기 어려운 현실에서 벗어나기 위해 종교에 매달렸다. 그리고 뭉크에게 엄격한 종교적 생활 방식을 강요했다. 병약하기까지 했던 뭉크는 학교를 그만두고 가정 학습을 받았기 때문에 교우 관계도 유지할 수 없었다. 그는 더욱 말수가 적고 내성적인 아이로 자라게 된다.

침울한 청소년기를 보내고 어른의 문턱에 선 그의 청춘은, 마치 깊고 어두운 동굴 속에서만 살다가 햇빛 찬란한 바깥으로 나온 것처럼 선명하고 자극적이었다. 뭉크는 20대에 들어서면서 다양한 사람들을 만나고 새로운 지식을 접하며 경험을 하게 된다. 차츰 무채색의 생활에서 벗어나 원색적인 경험을 하게 되면서, 뭉크는 새로운 환경과 자극에 더욱 몰입했다. 화가로서 원대한 꿈을 꾸게 되었고, 스스로에 대한 자신감도 있었다.

그러나 인생은 바라는 대로 되지 않을 때가 더 많은 법이다. 실패와 좌절은 살면서 누구나 거치는 과정이지만, 어떤 이들은 상실감과 무기력에 빠지기도 한다. 새로운 경험들로 인해 희망과 의욕에 부풀어 있던 뭉크는 난관과 이별에 심적으로 크게 흔들리고 비관하게 된다. 심지어 자주 정신이 혼미해졌고, 마음이 불안정한 상태로 길거리를 방황하다가 가끔은 졸도를 하기도 했다.

스물여덟 살의 뭉크가 그린 〈칼 요한 거리의 저녁Aften på Karl Johan〉(1892)은 뭉크의 불안정한 심리나 비관적인 태도가 잘 드러나는 그림이다. 아직 눈이 쌓이지 않은 늦은 가을 혹은 겨울 초입, 차라리 눈이라도 내려 쌓였더라면 거리의 불빛이 눈에 반사되어 조금은 환하고 포근한 느낌을 줄 테지만 눈이 본격적으로 내리지 않은 이 무렵은 노르웨이의 1년 중 가장 암울한 계절이다. 오전 늦게 뜬 해가 빨리 져서 초저녁인데도 어느새 거리는 어둡다. 색깔도 없다. 가로수의 잎도 다 떨어져버리고, 사람들도 짙은 색깔의 겨울옷을 꺼내 입어 도시 전체가 무채색이다.

오슬로의 중심 거리인 칼 요한 거리Karl Johans gate를 배경으로 하는

〈칼 요한 거리의 저녁〉 캔버스에 유채, 84.5×121cm, 1892, 베르겐 미술관
20대의 뭉크는 마음이 불안정한 상태로 칼 요한 거리를 배회하곤 했다. 그림 속 기괴하고 경직된 얼굴 표정, 암울한 분위기는 고독과 불안, 정신적 혼란에 고통받던 뭉크가 바라본 세상의 모습이었다. 길 중앙에 군중과 떨어져 홀로 서 있는 검은 실루엣의 남자는 뭉크 자신의 심적 존재를 대변한다.

이 그림은 화면 중앙을 기점으로 길을 따라 깊은 원근법을 드러내는 구도를 취한다. 거리의 오른쪽에는 국회 의사당이, 왼쪽에는 상가 건물이 있다. 이들 건물의 창에서는 탁한 푸른빛 배경과 대비되는 노란 불빛이 뿜어져 나온다. 거리의 왼편으로는 정면을 향해서 군중이 걸어오는데, 잘 차려입은 신사숙녀들이다. 다들 정면을 주시하며 누구와도 소통하지 않는다. 크게 뜬 눈, 치켜올린 눈썹, 굳게 다문 입, 경직된 표정은 무엇인가에 홀린 듯 기괴해 보인다.

군중의 반대편에는 형체가 불분명하고 커다란 나무가 있어 군중과 화면상의 균형을 맞춘다. 그 사이에 군중과 떨어져 홀로 서 있는 검은 실루엣의 남자가 있다. 환영받지 못하는 자, 군중에 들어갈 수 없는 자, 주류에 낄 수 없는 자, 바로 뭉크 자기 자신의 모습이다. 이 그림에 등장하는 행인들의 기괴스러운 얼굴과 암울한 분위기는 불안하고 위태롭게 흔들리는, 좌절감에 빠진 젊은 예술가의 눈에 비친 세상의 초상이었다.

그때 그는 최악이었다. 그는 밖으로 나가 겨울 해가 지는 칼 요한 거리를 어슬렁거렸다. 어둡고 궂은 날씨였고 지붕에서 물방울이 떨어졌다. 그는 고독했고, 영혼도 몸도 아팠다. 그는 추위 속을 걸었다. 노란 가스등과 상점의 창에서 나오는 불빛을 받은 기괴스러운 얼굴들이 검푸른 공기 속에서 걸어 나왔다. 대부분의 사람들이 끔찍한 날씨 속을 바쁘게 걸어갔다.

— 뭉크의 노트(MM T 2893, 1889~1891)

이 글에서 뭉크가 〈칼 요한 거리의 저녁〉을 그리게 된 영감을 찾을 수 있다. 요약해보면, 고독한 뭉크가 아픈 몸으로 춥고 어두운 칼 요한 거리를 방황하는데 거리의 사람들이 모두 기괴하게 보였다는 내용이다. 뭉크는 이때 본 행인들의 얼굴을, 그리고 그날의 기억을 〈칼 요한 거리의 저녁〉이라는 그림으로 그려낸 것이다.

뭉크의 그림 속 묘사와 달리, 오늘날의 칼 요한 거리는 그렇게 우울한 느낌을 주는 곳은 아니다. 이 거리는 노르웨이 왕궁에서 오슬로 중앙역까지 1킬로미터 정도 뻗어 있는 거리로서, 오슬로 최고의 중심가이다. 이 거리를 따라 국립 극장, 오슬로 대학, 오슬로 대성당, 국립 미술관, 역사 박물관 등이 들어서 있고, 국회 의사당, 오슬로 시청 등 주요 공공 기관들이 집중적으로 모여 있다. 그리고 그 사이사이에 고급 상점, 레스토랑, 바 들이 즐비하다. 유동 인구가 많은 데다 풍부한 볼거리와 넘쳐나는 관광객들로 활기찬 거리라 할 수 있다.

오슬로는 뭉크가 살던 시절엔 크리스티아니아라고 불렸다. 지금도 그렇지만 당시에도 칼 요한 거리는 크리스티아니아에서 가장 중심이 되는 거리였다. 선진 문물이 가장 먼저 들어오는 곳이었고, 부르주아들이 드나들던 살롱과 바, 유흥업소 들이 이곳에 집중돼 있었다. 뭉크는 크리스티아니아의 가장 번화하고 화려한 거리에서 고독을 느낀 것이다.

왜 그랬을까? 자신의 처지에 따라 환경은 다르게 느껴진다. 기분이 좋고 행복할 때 번화한 장소는 유쾌한 기분을 더욱 상승시킨다. 하지만 자신의 처한 상황이 좋지 않고 불행하다고 느낄 때는 오히려 우울과 무력감을 증폭시킨다. 나를 제외한 모든 사람들은 행복하고 즐거운 것만 같고, 나만 동떨어져 있는 느낌이랄까. 그런 이질감이 클수록, 행복하고 즐거워 보이는 다른 사람들은 이상하고 부자연스럽고 혐오스럽게 보인다. 당시 뭉크는 칼 요한 거리에서 그런 마음이었던 것은 아닐까.

1881년 3월, 뭉크는 왕립미술학교Den Kongelige Tegneskole에 들어가게 되면서 소원하던 화가의 꿈을 본격적으로 이뤄가게 된다. 이듬해인 1882년 가을, 뭉크는 열여덟 살 동갑내기 친구 여섯 명과 함께 칼 요한 거리에 아틀리에를 임대한다. 국회 의사당 맞은편에 있는 풀트우스텐Pultosten 건물의 꼭대기 층이었다. 위치상으로 칼 요한 거리를 자주 오갈 수밖에 없었다.

뭉크에게 이런 경험은 마치 진짜 어른들의 세계에 들어서는 느낌이었을 것이다. 엄격하고 종교적 신념에 따른 생활 방식을 강요했던 아버지와 우울하고 중압감에 휩싸인 집안 분위기에서 벗어나 자유를 만끽하게 된 열여덟 살 뭉크의 심정은 우리로 치자면 마치 긴 입시 지옥을 빠져나와 대학에 갓 들어간 새내기의 흥분 같은 것이 아니었을까.

뭉크의 아틀리에가 있던 건물에는 당대의 유명 화가 크리스티안 크로그Christian Krohg의 아틀리에도 있었다. 크로그는 사실주의 화가 겸 작가이기도 했다. 당시 정치적·사회적 논쟁에 관심이 많았던 그는 자신의 눈에 비친 부조리한 상황과 사회의 모습을 사실적으로 그렸다. 때때로 시간이 나면 뭉크와 친구들에게 무료로 미술 강습을 해주기도 했다.

오늘날의 칼 요한 거리

칼 요한 거리는 오슬로 최고의 중심가로, 노르웨이 왕궁에서부터 오슬로 중앙역까지 이르는 1킬로미터 정도의 거리를 말한다. 공공 기관뿐만 아니라 극장, 대학 등 주요 시설들이 밀집되어 있다.

뭉크가 크로그의 회화 수업을 언제나 좋아한 것은 아니었다. 뭉크는 크로그의 권위적이고 규율을 강조하는 수업 방식이 자신의 창의력을 방해한다고 생각했다. 하지만 크로그는 파격적인 뭉크의 그림이 전시회에 출품될 수 있도록 도움과 격려를 아끼지 않는 등 그의 예술적 재능을 알아보았다. 풀트우스텐에서의 만남을 계기로 뭉크와 인연을 맺게 된 크로그가 후에 뭉크에게 자신의 아들 페르 크로그Per Krohg의 대부가 되어달라고 부탁할 정도로 두 사람은 각별한 사이가 된다.

크로그는 당시 급진적인 사회 예술 그룹인 크리스티아니아 보헤미안Kristiania Bohemen의 핵심 멤버였다. 덕분에 뭉크와 친구들은 그를 통해 자연스럽게 이 그룹과 가까워졌다. 게다가 1880년대 크리스티아니아 보헤미안의 아지트였던 그랑 카페Grand Café는 뭉크의 아틀리에 지척에 있었다.

당시의 카페는 단순히 커피를 마시고 지인을 만나는 곳이 아니라, 부르주아 지식인들의 사교 장소였다. 특히 1874년 칼 요한 거리의 중심에 그랑 호텔이 들어서자, 1층 그랑 카페에는 헨리크 입센Henrik Ibsen, 크누트 함순Knut Hamsun과 같은 당대 크리스티아니아의 지식인, 사상가, 예술가 들이 모여들었다. 이곳을 중심으로 유럽의 선진 사상과 예술의 동향이 교류되고 토론되었다.

스무 살 문턱의 뭉크와 친구들도 그랑 카페에 드나들면서 선배 지식인들과 예술가들의 주장과 토론을 접하게 되었는데, 뭉크에게 이는 종교와 신이 지배하는 아버지의 세계에서 벗어나 현실 세계의 정치적·사회적 문제, 세계 지식의 동향, 선진 예술의 흐름 등을 접

그랑 카페 Grand Café

그랑 카페가 있는 그랑 호텔은 1874년에 문을 연 이후 여러 번 보수를 거쳐 지금까지도 오슬로를 찾는 주요 인사들이 머무르는 호텔로 이름을 떨치고 있다. 1층의 그랑 카페는 2016년 리모델링하여 옛날 모습을 찾아볼 수는 없지만 크리스티안 크로그의 아들 페르 크로그가 1920년대에 그린 벽화는 그대로 보존되어 있다. 이 벽화에는 입센과 뭉크 등 그랑 카페를 찾던 당대 유명인들의 모습이 그려져 있다.

할 수 있는 기회였다. 뭉크는 그동안 한 번도 생각해보지 않았던 계급, 정치, 여성 인권 문제부터 신진 철학 사조들, 인상주의, 사실주의 등의 예술과 관련된 쟁점들까지를 접하면서 가치관과 세계관에 큰 변화와 혼란을 겪게 된다. 끊임없이 밀려 들어오는 새로운 지식과 자극에 뭉크는 깊이 빠져들었다.

종교적 생활 방식, 근면, 원칙을 고수하던 아버지와는 마찰이 일어날 수밖에 없었다. 매일같이 늦어지는 귀가, 불성실한 생활 태도, 반항적인 말투에 아버지의 꾸중은 더욱 심해졌고, 그럴수록 뭉크는 아버지와 사이가 점점 멀어졌다. 그리고 뭉크의 내면에는 크리스티아니아 보헤미안의 수장이었던 한스 예게르Hans Jæger가 점차 크게 자리잡아가고 있었다.

청년 뭉크의 멘토, 한스 예게르

청년기에 좋은 스승이나 조언자를 만난 덕분에 인생의 지표와 방향이 확연히 바뀌었다는 사람들의 이야기를 자주 듣는다. 뭉크에게 한스 예게르는 바로 그런 사람이었다. 뭉크가 예게르를 처음 만난 것은 1886년경이라고 알려져 있다. 뭉크는 스물두 살이었고, 예게르는 뭉크보다 아홉 살이 더 많았다. 10대 중반부터 선원 생활을 하다가 교사가 되기 위해 공부를 시작한 예게르는 1875년 스물한 살 때부터 국회에서 서기로 일하고 있었다.

화려한 언변과 문학적 재능을 갖춘 예게르는 1880년 초부터 공

〈한스 예게르의 초상〉 캔버스에 유채, 109×84cm, 1889, 노르웨이 국립 미술관

크리스티아니아 보헤미안 그룹의 사상적 근간을 마련한 한스 예게르는 뭉크의 예술 세계와 인생에도 큰 영향을 미쳤다. 인습과 기독교에 반기를 든 예게르의 급진적인 주장들은 뭉크가 이전의 예술들을 답습하지 않고 새로운 예술로 발돋움할 수 있는 정신적 토양을 만들어주었다. 뭉크가 오랫동안 소유하고 있던 예게르의 초상화는 노르웨이 국립 미술관이 1897년에 사들여 보관하고 있다.

〈크리스티아니아 보헤미안 II〉 종이에 수채 및 구아슈, 25×41.5cm, 1895, 뭉크 미술관

그랑 카페에서 술을 마시며 밤새 토론하는 크리스티아니안 보헤미안 멤버들의 모습이다. 그림 오른쪽에 담배를 피우는 창백한 남자의 옆모습은 뭉크이고, 그 옆으로 크리스티안 크로그 야페 닉셰이 있다 그림 중앙의 붉은 옷을 입은 여인은 크로그의 부인인 오다 크로그이다. 그 왼쪽으로 한스 예게르, 군나르 하이베르그가 있고, 가장 앞에 있는 인물이 오다 크로그의 첫 번째 남편이었던 요르겐 엥엘하르트이다.

공연히 사회 문제를 둘러싼 논쟁에 참여하기 시작했다. 일부일처제의 결혼 제도 폐지와 자유연애를 지지했으며, 사회주의를 도입해야 한다고 주장했다. 특히 그는 당시 부르주아 계급에서 당연시되었던 정략결혼과 사회적 불평등이 사회의 두 가지 악이라고 주장했다.

또한 그는 사회적 투쟁의 가장 파급력 있는 무기는 예술이라고 생각했고, 무엇보다도 자연주의 소설에 주목했다. 모든 사람들이 자신의 삶에 대한 글을 써야 한다고 주장하면서 자신 역시 삶의 아주 사적인 부분까지 드러내는 글을 썼다.

자유연애를 추구하고 기독교와 부르주아 계급의 인습에 대해 끊임없이 비판하던 예게르와, 그 뜻을 같이하는 사람들이 모이면서 '크리스티아니아 보헤미안'이라는 모임이 자연스럽게 생겨났다. 예술가들과 젊은 학생들이 주를 이루었는데, 패기 넘치고 새로운 것을 추구하는 젊은 예술가들에게 예게르의 주장은 혁신적이었고 또 그만큼 매력적이었다. 당대의 많은 젊은 예술가들처럼 뭉크 또한 이 그룹에 이끌렸다. 예게르는 20대 초반의 뭉크에게 세상을 바꿀 현인처럼 보였고, 향후 뭉크의 예술과 인생에 크게 영향을 끼치게 된다.

한편 예게르는 매춘에 관련된 글을 발표했는데, 이를 통해 악명을 떨치며 유명해지게 된다. 바로 『크리스티아니아 보헤미안으로부터 Fra Kristiania bohemen』(1885)라는 자전적 소설이다. 이 소설은 선정성과 급진성을 이유로 판매가 시작된 지 한 시간 만에 불온서적으로 낙인찍혀 긴급 판매 중지를 당한다. 예게르는 벌금과 60일 징역형을 선고받고, 국회 서기 자리도 잃게 되었다.

사회적 불평등과 같은 정치적 사안에 관심이 많았던 크리스티아니아 보헤미안 멤버들은 성향상 좌파 정당에 좀 더 우호적이었지만 특별히 정당 활동에 개입하지는 않았다. 대체로 그들은 카페나 각자의 집에 모여 정치와 예술, 도덕과 섹슈얼리티를 논의하는 데 많은 시간을 보냈다. 그들은 당시 사회 풍조와는 다소 동떨어진 사상들에 경도된 무리였다.

1884년 좌파 정당이 여당으로 집권하자 이들은 사회 전반에 걸친 대대적인 개혁이 일어나기를 기대했으나 그들이 바라는 만큼의 정치적·사회적 변화는 일어나지 않았다. 좌파 정권도 전통적 윤리 규범과 권위에 대해서 딱히 손볼 생각이 없었다. 크리스티아니아 보헤미안 멤버들은 어떤 정부도 자신들이 원하는 이상적인 사회를 실현시킬 수 없을 것이라며 낙담했다. 그들은 사회주의에 기반하지만 무정부주의자였고, 무신론자였으며, 부르주아 계급을 비판하고 전통적 인습에 강하게 반발했다.

예게르는 자유연애의 이상적인 원리를 설파하며, 동료들에게 외도를 해보고 그 느낌을 기록해보라 권했다. 예게르 스스로도 한 유부녀와 불륜 관계에 있었으며, 크리스티아니아 보헤미안의 멤버이자 크리스티안 크로그의 부인이었던 오다 크로그Oda Krohg는 공공연히 자유연애를 즐기는 여인으로 유명했다.

그러나 이들의 자유연애 사상은 결국 외도, 치정, 질투 등으로 이어지면서 문제를 일으켰고, 이 모임은 1890년대 중반 해체되고 말았다. 문학 평론가 게르하르트 그란Gerhard Gran은 예게르의 장례식에서 "한스 예게르의 활동에 대해서 긍정적 시각도 있고 부정적 시각도 있다. 하지만 어느 누구도 그가 영향력 없는 삶을 살았다고 말하지는 않을 것이다"라며 당대에 그가 예술계와 사회에 큰 영향을 끼쳤음을 시사했다.

뭉크는 크리스티아니아 보헤미안에서 주목할 만한 활동가는 아니었다. 당시 그는 진보적인 정치사상이나 사회적으로 중요한 사안에 대한 입장에서는 한 발짝 떨어져 있었다. 그러나 예게르가 당시 사회 관습에 정면으로 반하는 파격적 사상들을 거침없이 쏟아내고 또 그에 동조하는 사람들의 무리가 형성되는 과정을 옆에서 지켜보면서, 이후 화단에 거센 논란을 불러일으키는 혁신적 예술을 선보일 수 있는 용기와 자신감을 얻었으리라 짐작하는 것은 어렵지 않다.

또한 뭉크는 예게르가 주장하는 모든 방면의 급진적 사상에 심취한 것은 아니었지만, 가장 핵심인 자유연애 사상에 큰 영향을 받았다. 뭉크는 1885년 여름 휴가지에서 밀리 타우로브Milly Thaulow를 만나 그녀와 사랑에 빠진다. 그녀는 유부녀였다. 뭉크 역시 자유연애를 몸소 체험하게 된 것이다.

신기루 같은 첫사랑, 밀리

그녀의 본명은 안드레아 프레드릭케 에밀리에 일렌Andrea Fredrikke Emilie Ihlen이었지만, 대부분 그녀를 밀리라고 불렀다. 1885년 뭉크는 가족들과 함께 보레Borre에서 여름휴가를 보내는데, 이때 밀리와 운명적인 만남을 갖게 된다. 뭉크가 스물한 살, 밀리는 스물세 살이었다.

군의관이었던 그녀의 남편 칼 타우로브Carl Thaulow는 뭉크의 재능을 알아보고 뭉크가 만국 박람회와 파리의 살롱전에 다녀오도록 후원해준 화가 프리츠 타우로브Frits Thaulow의 동생이었다. 해군 제독의 딸이었던 밀리는 당시 부르주아 계급의 관행대로 칼 타우로브와 정략결혼을 했다. 그녀는 아름다운 외모로 크리스티아니아 사교계에 잘 알려진 인물이었고, 근대화가 시작되던 당시 신여성 같은 존재였다.

1879년에 출간된 헨리크 입센의 『인형의 집』은 남편에게 순종적으로 내조하면서 가정에 충실하던 노라가 한 인간으로서 홀로 설 것을 선언하며 변화하는 과정을 보여주는데, 이 소설을 통해 당시 부르주아 계급의 여성들이 자의식을 가지기 시작했다는 것을 짐작할 수 있다. 밀리는 소설 속 배경과 같은 격변의 사회적 분위기 속에서 다소 파격적으로 자신의 인생을 결정하고 개척하는 근대적인 여성이었던 듯하다. 그녀는 노르웨이 최초의 여성 칼럼니스트로서 패션과 요리에 대한 글을 기고하기도 했고, 1921년에는 『재미있는 요리』라는 책을 출판하기도 했다.

예게르가 강조한 '스스로의 삶에 대한 글쓰기'를 뭉크도 시도했다. 어린 시절부터 예술가로서의 삶에 대한 인상, 첫사랑의 경험 등을 방대한 양의 낱장 기록들, 일기, 노트, 스케치북 등으로 남긴 것이다. 밀리와의 만남은 1885년이었지만, 뭉크는 그녀와의 만남을 1890년부터 1892년 사이에 제3자가 주인공인 로맨스 소설 형태로

뭉크의 첫사랑 밀리(위)와 스물한 살의 뭉크

1885년 여름, 뭉크는 밀리를 보레에서 처음 만났다. 밀리는 크리스티아니아 사교계에서 유명했을 뿐만 아니라, 당시 신여성의 상징과도 같은 존재였다. 그들의 한여름 로맨스는 그해 겨울을 넘기지 못했다. 뭉크는 첫사랑의 아픔을 평생 마음속에 간직한 채 살았다.

기록했다. 뭉크의 이 소설이 온전히 그의 경험과 일치하지는 않더라도 이를 통해 그의 첫사랑에 관한 단편을 알기에는 충분하다.

소설의 중심인물은 뭉크로 짐작되는 젊은 화가 브란트와, 밀리를 연상케 하는 하이베르그 부인이다. 브란트는 내성적이고 소심한, 특히 아름다운 여자 앞에서는 숫기가 없는 인물이다. 반면 하이베르그 부인은 항상 주변 남자들로부터 구애를 받으며, 하는 행동마다 이슈가 되는 사교계의 스타이다. 이 둘은 크리스티아니아에서 베스트폴Vestfold의 튄스베르그Tønsberg로 정기 운행하는 증기선인 얄스베르그에서 처음 만난다. 브란트는 하이베르그 부인의 아름다운 외모에 한눈에 반하지만 형식적인 인사만 할 뿐 더 이상 다가가지는 못한다.

그러던 어느 날 숲길에서 우연히 하이베르그 부인을 다시 만나게 되고, 부인은 천진난만한 태도로 노란 꽃을 건네주며 저녁 모임에 브란트를 초대한다. 여름밤 해변 휴가지에서 매일같이 열리는 지인들과의 저녁 모임에서 그들은 자주 만나게 되고, 브란트는 그녀에 대한 마음이 점차 커지지만 그녀가 유부녀라는 사실 때문에 갈등한다.

그러나 브란트는 그녀와 만날 수 있는 기회를 거부할 수 없었다. 함께 여름 해변을 걷고, 소란스러운 파티 홀을 나와 열린 창을 통해 여름밤의 달을 바라보는 등 로맨틱한 시간들을 보내면서 그들은 사랑에 빠지고 만다. 가을을 앞두고 크리스티아니아로 돌아가기 전, 그들은 숲에서 열정적인 첫 키스를 나누는 것으로 소설은 끝이 난다. 이 낭만적인 소설을 통해 뭉크가 밀리에게 얼마나 빠져 있었는지, 그리고 뭉크가 밀리와의 추억을 얼마나 아름답게 기억하고 있었는지를 짐작할 수 있다.

뭉크가 밀리에게 이렇듯 급속도로 빠져들었던 것은 그녀의 아름다운 외모 때문만은 아니었다. 뭉크는 밀리를 통해 여자와의 육체적 사랑에 눈뜨게 되었고, 젊고 혈기왕성한 청년 뭉크에게 이것은 너무나도 강렬한, 중독과 같은 경험이었다. 훗날 뭉크는 밀리와의 사랑을 이렇게 회상한다.

> 나는 회백색 해변을 따라 내려갔다. 이곳은 내가 처음으로 육체적 사랑이라는 새로운 세상을 배운 곳이었다. 어리고 경험 없는, 수도원 같은 집에서 자란 나는 또래 친구들에게야 아무것도 아닐, 그전까지 한 번도 알지 못했던 눈빛의 신비로운 마력을, 그리고 경험해 보지 못했던 키스의 중독성을 알게 됐다.
> — 뭉크의 노트(MM T 2704, 1903~1908)

소설과 달리, 뭉크와 밀리의 만남은 여름 이후 크리스티아니아에서도 이어졌다. 1885년 가을, 뭉크는 아틀리에를 임대하여 밀리와의 밀회를 이어간다. 그들의 관계는 뜨겁게 시작되었지만, 신앙심 깊은 가정에서 자란 뭉크는 내심 양심의 가책을 느끼고 있었다. 밀리 또한 뭉크에 대한 마음이 그저 충동적인 여름 로맨스로 계절이 바뀌는 것처럼 곧 식어버렸다. 그렇게 그들의 관계는 그해 겨울을 넘기지 못했다.

그다음의 이야기는 어느 누구의 첫사랑들과 같이 절절하다. 밀리

1. **밀리와의 추억을 그린 드로잉**(MM T 2761) 종이에 펜, 21×16.1cm, 1889~1890, 뭉크 미술관
2. **〈가스등 아래의 연인〉**(MM T 1265) 종이에 펜, 21.5×28.3cm, 1888~1889, 뭉크 미술관
뭉크는 밀리와의 행복했던 기억을 바탕으로 그림을 그리곤 했다. 첫사랑의 경험은 뭉크의 인
생은 물론 초기 예술 작품에도 큰 영향을 끼쳤다. 이 그림들을 통해 뭉크가 밀리와의 추억을
얼마나 아름답게 기억하고 있었는지를 추측할 수 있다.

를 마음에서 차마 지울 수 없었던 뭉크는 밀리와의 우연한 만남을 기대하며 칼 요한 거리를 배회했다. 이때 쓰인 노트에서 밀리를 찾아 칼 요한 거리를 쉬지 않고 헤매다가 그 갈구의 끝에 결국 불안하고 혼미한 공황 상태로 치닫는 뭉크에 대한 묘사를 자주 발견할 수 있다.

> 저기 바bar에 있는 게 밀리인가? 아니다. 그녀이길 바랐는데. 아니, 그녀가 다른 이들과 함께 있지 않기를 바랐는데. 그는 사람들 사이에서 쓰러지는 자신의 모습을 상상했다. 주위가 빙빙 돌았다. 그는 집에 돌아가려고 재빨리 나섰다.
> 저기서 두 대의 전차가 내달려오고 있었다. 그의 옆을 지나는 순간 전차가 덜컹거렸다. 그리고 아랫길 너머로 사라졌다. 갑자기 주변이 매우 조용해졌다. 정말로 기분 나쁜 적막이었다. 지금 쓰러지면 안 돼. 그는 사람들 사이에서 쓰러지는 것에 대해 굉장한 공포를 느끼고 있었다. 그는 쓰러지지 않도록 자신을 꼭 붙들어야 했다.
> ― 뭉크의 노트(MM N 598, 연대 미상)

뭉크는 가끔 우연히 밀리를 만나기도 했지만 그녀의 시들한 반응에 슬픔과 자괴감, 분노를 느끼는 때가 대부분이었다. 1886년 3월, 한 축제에서 우연히 밀리와 그녀의 남편을 만난 뭉크는 일종의 패배감을 느끼기도 했다. 그는 심지어 밀리의 질투심을 유발하기 위해 다른 여자를 만나는 척도 해보지만, 떠나버린 밀리의 마음을 되돌리지는 못했다. 이룰 수 없는 첫사랑의 끝은 항상 아프기 마련이다. 그렇게 뭉크는 이별 후의 시간을 힘들게 보낸다.

5년 뒤인 1890년, 뭉크는 파리 유학 중에 밀리의 소식을 듣게 된다. 그녀가 샹송 가수가 되기 위해 어떤 가수와 함께 오스트리아 빈으로 떠났다는 것이다. 밀리는 당시 부르주아 계급의 여성에게 요구되는 여러 가지 틀에 갇혀 있지 않고 자유로운 영혼을 가진 여인이었던 듯하다. 밀리는 칼 타우로브와 이혼하고 1891년 배우였던 루드빅 베르그Ludvig Bergh와 재혼한다. 딸도 한 명 낳았으나 1910년 다시 이혼을 한다.

뭉크는 밀리와의 짧고 강렬한 사랑 후 수년 동안 마음 한구석에서 그녀를 그리워했지만, 밀리의 재혼 소식을 들은 이후에는 오히려 그녀를 사랑했던 시간을 증오하게 된다. 첫 남편과의 결혼은 부르주아 계급끼리 이루어진 정략결혼이라고 치더라도 두 번째 결혼은 그녀가 직접 선택한 것이었다.

뭉크는 밀리가 자신을 진정 사랑했다고 믿었지만, 밀리가 다른 이와 결혼을 하는 것을 보며 자신이 그녀에게 그저 한때 외도의 상대에 불과했다는 생각에 실망했고 배신감에 견디기 힘들어했다. 이후 뭉크는 밀리가 보란 듯이 성공하고자 했고, 그래서 더 그림에 열중했다. 이후에 뭉크와 밀리의 재회는 두 번 다시 없었다. 그러나 뭉크에게 밀리는 일생 동안 가장 사랑하고 갈망했던 여인이었다.

밀리와의 관계는 불행하게 끝났지만, 그녀는 뭉크의 수많은 작품에 다양한 영감을 주었다. 뭉크의 작품 중에는 사랑과 여자에 대한 주제가 많은데, 밀리와 직간접적으로 연결되는 작품이 많다. 만약 밀리와의 사랑이 그렇게 끝나지 않았더라면, 첫 번째 남편과 이혼

〈이별〉 캔버스에 유채, 96.5×127cm, 1896, 뭉크 미술관
밀리와의 이별은 뭉크에게 큰 상심이었다. 떠나가는 그녀를 붙잡지 못하고, 뒤돌아선 채 가슴
에서 피를 흘리며 아파하는 뭉크의 모습에서 절절함이 묻어난다. 그의 가슴에서 흘린 피가
떨어진 자리에 붉은 나무가 솟아 있는데, 뿌리박힌 나무처럼 그의 실연의 아픔이 오랫동안 지
속되었음을 상징한다.

하고 뭉크와 결혼해서 행복하게 살았더라면 뭉크의 위대한 그림들이 탄생할 수 있었을까.

깊은 상심과 우울로 가득 찬 불안한 청춘

당시 뭉크의 노트에 따르면 밀리와의 이별 후 겪은 좌절감과 그녀에 대한 그리움이 뭉크의 현기증과 신경 쇠약을 유발한 것으로 보인다. 과연 그랬을까? 뭉크의 심리적 불안 증세가 단지 밀리와의 이별 때문에 비롯된 것일까?

물론 첫사랑의 비극은 정신적으로 큰 상처가 되었을 테지만, 당시 20대의 뭉크의 삶을 좀 더 자세히 들여다보면 뭉크의 정신적 방황은 비단 밀리와의 이별 때문만은 아닌 것으로 보인다. 뭉크가 처해 있던 당시 상황이 복합적으로 작용하여 그를 벼랑 끝으로 내몰았던 것이다.

우선 뭉크와 그의 가족들은 경제적 어려움에 처해 있었다. 뭉크가 파리 유학을 떠난 지 얼마 지나지 않은 1889년 11월, 아버지가 갑작스럽게 뇌졸중으로 마비가 와 곧 세상을 뜨고 만다. 화가가 되기로 한 뒤부터 아버지와 마찰이 잦았던 뭉크는 아버지에게 잘하지 못한 것에 대한 죄책감에 괴로워했다. 깊은 상심과 우울은 그의 영혼을 잠식해갔다. 게다가 아버지의 죽음 후 뭉크 가족의 불행은 계속해서 이어졌다. 아버지의 수입에 의존하던 가족들에게 경제적인 어려움이 뒤따랐고, 곧이어 여동생 라우라의 정신병이 발병하여 입원과 퇴원을 반복하게 된다. 카렌 이모가 부업을 하고 막냇동생 잉게르가 피아노 레슨을 하며 생계를 이어가지만 집안의 맏이로서 뭉크는 가족에 대한 책임감을 느끼고 있었다. 화단에서 인정받고 화가로서 성공해야 한다는 압박감이 뭉크를 짓눌렀다.

그러나 화단에서 입지를 굳히는 것도 쉽지 않았다. 왕립미술학교에 들어가 화가로서의 첫발을 내딛을 때만 해도 뭉크는 유망하고 실력 있는 예술학도로 점점 입소문이 나면서 평론가들과 다수의 기성 화가들로부터 인정을 받고 있었다. 그러나 1886년 뭉크가 어린 시절 누이 소피에의 죽음을 떠올리며 그린 〈습작Studie〉이 첫선을 보였을 때 화단의 시선은 냉담했다. 예술을 모욕하는 오만방자한 화가라는 평가를 받기도 했다.

뭉크는 1889년 우여곡절 끝에 국비 장학생으로 뽑혀 파리로 떠나지만, 원래 계획했던 학업에도 흥미를 느끼지 못했고 건강상의 이유로 프랑스 남부 니스로 주거지를 옮기게 된다. 그렇게 병을 이유로 원래 2년간 약속되었던 국비 장학금을 3년 동안 받게 되는데, 이 때문에도 여기저기서 비난을 들어야 했다.

이렇듯 뭉크의 20대는 첫사랑의 실패뿐 아니라 가족들에게 찾아온 불행, 화단에서 받은 냉대와 조소, 그리고 화가로서의 미래에 대한 불안감으로 가득 차 있었다. 그는 이 시기에 사랑하는 연인과의 관계에서, 가족들 사이에서, 그리고 자신의 일에서도 일종의 성장통을 겪고 있었던 것으로 보인다. 자신의 삶을 책임져야 하고 새로운 관계들을 정립해나가는 그 무렵은 누구나 혼란스럽고 무섭고 좌절감에 휩싸이게 마련이다. 그 와중에 크리스티아니아 보헤미안과 같은 급진적 사회 운동가 동료들의 선동과 자극은 뭉크의 상실감과 좌절감, 불안감을 증폭시킬 수밖에 없었을 것이다.

내성적이고 예민했던 뭉크는 그렇게 불행과 불안한 생각 속에 갇혀 무엇을 어떻게 해야 할지 몰라 그저 칼 요한 거리를 방황하고 있었고, 그런 그에게 길에서 마주치는 화려하고 행복해 보이는 부르주아들이 아름답게 보이지는 않았을 것이다. 그들 사이에서 그는 스스로를 투명인간처럼 느끼지 않았을까.

뭉크와 동시대 작가이자 1920년 노벨 문학상 수상자인 크누트 함순은 그의 자전적 소설인 『굶주림』(1890)에서 크리스티아니아에 대해 "그 경이로운 도시에서 상처 입기 전에는 아무도 그 도시를 떠나지 않았다"라고 묘사한다. 1890년경, 세기말의 크리스티아니아는 젊고 불안한 청춘들에게 너무나 매력적이면서도 동시에 두려움과 불안감으로 상처받기 쉬운 도시였던 것이다.

20대의 고통이 30대에 꽃피우다

사실 뭉크는 〈칼 요한 거리의 저녁〉을 그리기 2년 앞서 따뜻하고 화려한 칼 요한 거리를 그린 적이 있다. 바로 〈칼 요한 거리의 봄날 Vårdag på Karl Johan〉(1890)이다. 이 그림에서 뭉크는 화창한 봄날의 대낮을 선보인다. 칼 요한 거리가 시작되는 곳에 위치한 노르웨이 왕궁을 배경으로, 원거리에 많은 인물들이 등장하지만 각각의 얼굴이나 표정은 보이지 않는다. 따뜻한 봄 햇살 아래 알록달록한 양산과

〈칼 요한 거리의 봄날〉 캔버스에 유채, 80×100cm, 1890, 베르겐 미술관

파리 유학 중에 신인상주의 화가들의 작품을 접한 뭉크는 신인상주의의 점묘법을 자신의 그림에 적용해보기도 했다. 칼 요한 거리를 배경으로 하는 〈칼 요한 거리의 봄날〉은 이러한 뭉크의 시도가 잘 드러나는 작품이다.

〈라파예트 거리〉 캔버스에 유채, 92×73cm, 1891, 노르웨이 국립 미술관

19세기 인상파 화가들은 세련된 파리 시내의 풍경을 높은 곳에서 내려다보는 구도로 그림을 많이 그렸다. 뭉크 역시 이러한 구도로 〈라파예트 거리〉를 그렸다. 이 작품은 1891년 봄에 뭉크가 파리의 라파예트 거리 49번지에 머무르면서 본 풍경을 그린 그림이다.

다채로운 봄옷 색깔이 경쾌한 느낌을 보여준다. 뭉크가 파리 유학 시절에 그린 이 그림은 신인상주의 특유의 점묘법인 짧고 경쾌한 원색의 색점 붓 터치가 두드러진다.

이와 비슷한 경향은 〈라파예트 거리Rue Lafayette〉(1891)에서도 찾아볼 수 있다. 〈라파예트 거리〉는 뭉크가 파리 유학 중이던 1891년 봄, 그가 머물렀던 라파예트 거리 49번지의 방에서 내다본 풍경을 그린 그림이다. 뭉크는 파리 유학 시절 인상주의와 신新인상주의 화법으로 여러 가지 실험을 해보았다. 인상주의 작품에서는 도시 풍경을 그릴 때 높은 곳에서 내려다보는 원근법을 드러내기 위해 건축물을 등장시키곤 하는데, 뭉크는 이러한 인상주의의 접근 공식과 신인상주의의 점묘법을 결합하여 〈라파예트 거리〉를 그렸다. 그러면서 뭉크 특유의 고독함이 드러난다. 발코니에 홀로 기대어 거리를 내려다보는 신사는 이 그림에서 가장 먼저 시선을 끌며, 분주한 거리 배경과는 대조적으로 정적이고 명상적이다. 여기서 뭉크는 자신의 고독한 심정을 홀로 등장하는 인물에 반영했다.

〈라파예트 거리〉는 〈칼 요한 거리의 봄날〉과 〈칼 요한 거리의 저녁〉 사이의 징검다리 같은 역할을 하고 있다고 볼 수 있다. 같은 거리를 그렸음에도 불구하고 〈칼 요한 거리의 봄날〉은 밝은 햇빛 아래 보이는 칼 요한 거리의 인상을 그린 풍경화인 반면, 〈칼 요한 거리의 저녁〉은 우울하고 불안한 자신의 감정이 이입되어 기괴하고 왜곡되어 보인다. 이렇듯 2년 사이에 뭉크의 화풍은 큰 변화를 보인다. 이제 뭉크는 보이는 자연을 대상으로 그리는 것이 아니라, 자신이 보았던 풍경의 느낌과 감정을 떠올려 그 기억을 그리게 된 것이다.

〈칼 요한 거리의 저녁〉은 이후에 이어지는 불안과 공포, 고통의 심정을 다루는 비슷한 패턴의 그림들이 시작되었음을 알리는 작품이다. 비슷한 시기에 〈절망Fortvilelse〉(1892)을 그렸고, 이 그림을 발전시켜 드디어 〈절규Skrik〉(1893)를 탄생시켰다. 그리고 이듬해에는 〈불안Angst〉(1894)을 그렸는데, 이 그림은 〈칼 요한 거리의 저녁〉과 〈절규〉의 형제 그림이라고 할 수 있다. 〈칼 요한 거리의 저녁〉에 등장하는 기괴한 인물들의 행렬을 〈절규〉의 배경으로 옮겨놓았기 때문이다.

이 그림들은 모두 뭉크가 20대에서 30대로 넘어가는 무렵에 그려진 것이다. 뭉크는 20대의 청춘을 그렇게 괴로운 심정으로 방황했지만, 이 경험이 결국 걸작을 꽃피우는 씨앗이 된 것이다. 자신이 겪었던 공포와 불안, 신경 쇠약, 현기증, 환영 등의 기억을 다양한 형태와 표현으로 실험하면서 다듬어나갔고, 이러한 강렬한 심리적 고통의 경험을 그림의 주제로 삼으며 새로운 예술의 돌파구를 찾게 된다. 그가 칼 요한 거리를 방황하며 받았던 정신적인 고통은 혁신적인 예술을 탄생시켰고, 곧이어 독일에서 기회와 성공을 거머쥐는 밑거름이 된다.

뭉크와 헨리크 입센

극작가 헨리크 입센은 뭉크와 함께 노르웨이를 대표하는 예술가로 손꼽힌다. 『인형의 집』을 비롯하여 『브란트 *Brand*』(1866) 『페르 귄트 *Peer Gynt*』(1867) 『유령 *Gengangere*』(1882) 『우리 죽은 자들이 눈뜰 때 *Når vi døde vågner*』(1899) 등의 대표작을 남겼고, 작품 속의 주인공들이 시대의 지배적인 흐름을 거스르고 운명에 도전하면서 겪는 심리적 갈등이 돋보이는 극작으로 유명하다.

1891년 그랑 카페에서 입센을 처음으로 마주친 뭉크는 젊은 예술학도에 불과했기 때문에 당대의 대문호였던 입센과 제대로 대화를 나눌 기회는 없었다. 그러다 1895년 특별한 계기가 생긴다.

1895년 10월, 뭉크는 독일에서 큰 성공을 거두고 노르웨이로 돌아와 블롬크비스트 갤러리에서 전시회를 개최했다. 신인 작가에 불과했던 뭉크가 해외에서 먼저 인정을 받은 후 크리스티아니아에서 열게 된 첫 전시회였다. 이 전시회를 두고 호평과 혹평이 난무했고, 노르웨이 최대 일간지 《아프텐포스텐 *Aftenposten*》은 이 전시에 대한 리뷰에서 출품

〈그랑 카페의 헨리크 입센〉 캔버스에 유채, 70×96cm, 1898, 개인 소장

된 그림들을 '이해할 수 없는 그림들'과 '혐오스러운 그림들' 두 가지로 분류하기도 했다.

입센이 뭉크의 전시장을 방문한 것은 이런 와중이었다. 당시 유럽 최고의 극작가였던 입센의 격려와 위로 응원은 뭉크에게 큰 힘이 되었다. 훗날 뭉크는 입센과의 첫 만남에 대해 이렇게 회상했다.

1895년이었다. 나는 블롬크비스트 갤러리에서 가을 전시회를 열었다. 내 그림에 대한 혹평이 빗발쳤다. 전시의 보이콧이 요구되기도 했다. 어느 날 전시장에서 입센을 만났다. 그는 나에게 다가와 전시가 매우 흥미롭다고 얘기했다. 나에게 닥친 이 일들이 그에게도 있었다고 했다. 더 많은 적이 생길수록 더 많은 친구들이 생긴다고도 말했다. 나는 그와 그림 하나하나를 함께 살펴보았다.

― 뭉크의 노트(MM N 415, 연대 미상)

이때 입센이 자신의 전시회를 본 것을 계기로 뭉크는 입센의 작품과 자신의 작품 사이의 연관성에 대해 언급하기도 했다. 입센의 작품 『우리 죽은 자들이 눈뜰 때』가 자신의 그림으로부터 직접적으로 영향을 받았다고 주장한 것이다. 전시장을 방문했을 때 입센은 〈스핑크스/여자의 세 단계sfinx/Kvinnen i tre stadier〉(1895)에 큰 흥미를 보였고, 뭉크는 이 그림에 대해 자세하게 설명해준다. 그런데 입센의 『우리 죽은 자들이 깨어날 때』의 주인

〈스핑크스/여자의 세 단계〉 캔버스에 유채, 164×250cm, 1894, 베르겐 미술관

공인 조각가 루벡Rubek과 그를 둘러싼 세 여인의 캐릭터가 자신이 입센에게 설명해준 그림 속 여자들의 특징과 일치한다는 것이었다. 또 주인공 루벡의 캐릭터는 자신의 〈멜랑콜리〉에 등장하는 남자에게서 영감을 받았다고 생각했다.

서로의 분야는 달랐지만 뭉크와 입센 그들이 걸었던 길에는 공통점이 있었다. 둘 다 주변의 선입견, 비난, 몰이해, 증오에 시달렸고, 노르웨이보다 외국에서 먼저 인정을 받았다. 두 사람 모두 세상과의 타협보다는 외로움을 택했고, 고통 속에서도 예술을 찾아가는 길을 선택했다. 뭉크는 입센에게 동질감을 느끼고 있었다. 1908년에 뭉크가 지인에게 쓴 편지를 보면, "입센은 나를 이해해. 우리는 서로를 동정하고 있어. 그는 아마도 나처럼 소외당하고 외로운 것 같아"라고 하며, 입센의 작품을 읽을 때마다 입센이 자신 같다는 생각이 든다고 고백했다.

뭉크는 입센의 작품에 등장하는 인물들에게도 동병상련을 느꼈다. 특히 『유령』의 주인공인 오스발드 알빙Osvald Alving에게서 더욱 그랬다. 화가라는 직업도 같았을 뿐만 아니라, 성실하고 삶을 사랑했지만 불행한 유전병으로 스스로를 가두고 결국 자멸하는 모습에서 자신을 보았기 때문이다. 뭉크 역시 부모로부터 유전병을 물려받았다고 생각했다.

『욘 가브리엘 부르크만John Gabriel Borkman』(1896) 역시 뭉크에게 큰 영감을 준 작품이었다. 뭉크는 1910년 이 극작과 관련된 연작 스케치를 그리게 되는데, 뭉크는 이 연작에 대해 "나는 나 자신이 욘 가브리엘 부르크만과 같이 느껴지고 그처럼 돌아다니게 돼"라고 말하기도 했다.

뭉크 미술관 소장 작품 중 약 500점이 입센의 작품과 관련된 주제를 다루고 있다. 입센의 『왕위를 노리는 자들』(1864) 『페르 귄트』 『유령』 『헤다 가블레르Hedda Gabler』(1890) 『욘 가브리엘 부르크만』 『우리 죽은 자들이 눈뜰 때』와 연관 지어 뭉크가 자신의 그림들을 설명한 노트도 찾아볼 수 있다.

뭉크는 입센의 연극과 관련된 작업을 맡기도 했다. 1896년에서 1897년까지 뭉크가 파리에 머무는 동안 공연된 입센의 연극 〈페르 귄트〉와 〈욘 가브리엘 부르크만〉의 포스터를 제작한 것이다. 그리고 〈욘 가브리엘 부르크만〉 포스터에 등장하는 입센의 얼굴은 〈그랑 카페의 헨리크 입센〉에 다시 사용하기도 했다. 이후 1906년 도이치 극장의 막스 라인하르트Max Reinhardt의 주문으로 그곳에서 상연될 입센의 연극 〈유령〉과 〈헤다 가블레르〉의 무대 디자인을 맡았다.

거대하고 끝없는
붉은 비명

아름다운 에케베르그 언덕에서 탄생한 걸작

뭉크의 〈절규〉는 일그러진 얼굴과 독특한 분위기로 그 그림을 보는 순간 사람들은 강한 인상에 압도당하고 만다. 해골 같은 얼굴에 늘어지고 비틀린 입과 턱, 강한 원색들이 혼란스럽고 불안하게 움직이는 풍경은 당시 선호되던 아름답거나 숭고하게 느껴지는 풍경과는 동떨어져 보인다. 〈절규〉는 마치 환상 속이나 꿈속에서 벌어지는 모습을 그린 것 같은 이질감이 느껴지는 그림이다.

사실 이곳의 배경은 오슬로 피오르에 인접한 에케베르그 언덕 Ekebergåsen이다. 뭉크는 이 언덕을 산책하다가 느낀 강렬한 감정을 〈절규〉로 그려냈다. 현재 에케베르그 언덕에는 전찻길과 차도가 좁은 보도와 나란히 놓여 있어 그리 즐거운 산책길이라고 하긴 어렵다. 뭉크가 살던 100여 년 전에는 전차도 차도도 없었을 테니, 지금과는 사뭇 다른 느낌의 길이었을 것이다. 하지만 그때나 지금이나 그곳에서 내려다보이는 오슬로의 피오르가 보여주는, 숨이 막히도록 환상적인 풍경은 그대로이지 않을까 싶다.

오슬로 피오르 연안에는 높은 지대가 없기 때문에 드넓게 펼쳐지는 바다를 감상하기에는 오슬로에서 에케베르그 언덕만 한 곳이 없다. 가파른 언덕길을 따라 오르다 보면 어느 순간 오른쪽으로 시야가 확 트이며 시원한 바다 풍경이 펼쳐진다. 멀리 수평선 너머에는 푸른 실루엣의 산등성이가 완만한 곡선을 이루고, 그 앞으로 크고 작은 섬들로 이루어진 군도가 있다. 섬들 사이로는 다양한 모양의 배들이 유유히 떠다닌다. 그리고 이 풍경을 감싸 안는 광활한 하늘 역시 빼놓을 수 없다. 하늘과 바다가 빚어내는 광대한 자연 풍경에 현기증이 날 지경이다.

고개를 돌려 언덕 뒤편을 돌아보면 오슬로 시내가 한눈에 들어온다. 지금 공사가 한창인 비요르비카Bjørvika 만, 오슬로 오페라 하우스, 고층 빌딩의 집합지인 바코드 라인, 사람들로 북적이는 아케르 브뤼게Aker Brygge, 독일을 오가는 크루즈 등 현대적인 도시의 모습이다. 고요하고 광활한 피오르의 바다 풍경과는 사뭇 대조적이다.

뭉크가 정확히 언제 〈절규〉를 그리게 된 영감을 얻었는지는 알 수 없지만, 뭉크는 파리 유학 시절인 1892년, 습작 노트에 에케베르그 언덕에서 받은 느낌을 고스란히 기록해두었다.

친구 두 명과 함께 나는 길을 걷고 있었다. 해는 지고 있었다. 하늘이 갑자기 핏빛의 붉은색으로 변했다. 그리고 나는 우울감에 숨을 내쉬었다. 가슴을 조이는 통증을 느꼈다. 나는 멈춰 섰고, 죽을 것 같이 피곤해서 나무 울타리에 기대고 말았다. 검푸른 피오르와 도시 위로 핏빛 화염이 놓여 있다. 내 친구들은 계속 걸어가고 있었고, 나는 흥분에 떨면서 멈춰 서 있었다. 그리고 나는 자연을 관통해서 들려오는 거대하고 끝없는 비명을 느꼈다.

— 뭉크의 노트(MM T 2367, 1892)

이 노트를 읽어보면 흥미로운 사실을 하나 알 수 있다. 뭉크의 노트에 '절규'라는 말은 없다는 점이다. 절규. 누가 처음 한국어로 번역을 했는지는 모르겠지만, 노르웨이어 스크리크Skrik는 있는 힘을 다하여 부르짖는 '절규'보다는 너무 놀라 지르는 외마디 소리인 '비명'으로 해석하는 게 더 적절하다. 이 그림을 더 정확히 이해하는 데도 '비명'이라는 단어가 도움이 된다.

많은 이들이 오해하듯, '절규'라고 번역한 사람 역시 그림에 등장하는 인물이 소리를 내는 것으로 생각한 것 같다. 그러나 뭉크의 노트에 따르면, 소리를 내는 쪽은 인물이 아니라 자연이다. 인물은 자연에서 들려오는, 소리 없는 비명을 듣고 있는 것이며, 그 거대한 비명에 괴로워하며 두 손으로 귀를 막고 있는 것이다.

뭉크의 묘사에 따르면, 황혼 녘의 붉은 노을과 검푸른 피오르의 바닷물이 선명하게 대조되면서 강렬한 색감의 대비를 전한다. 나는 항상 노르웨이의 햇볕이 유난히 강렬하다고 느꼈다. 위도가 높아서 그런지 공기가 맑아서 그런지는 잘 모르겠지만, 맑은 날씨일 때 이곳에서 느껴지는 햇살은 말 그대로 날카로울 정도로 눈이 부시다. 노르웨이의 태양은 그 어느 곳보다도 더 강렬하게 불타오르는 것 같다.

에케베르그 언덕에서 바라본 짙은 노을

〈절망〉 캔버스에 유채, 92×67cm, 1892, 스톡홀름 티엘스카 미술관

1893년 뭉크의 대표작 〈절규〉가 나오기 전 그 토대가 된 작품이다. 강렬한 색감과 단순한 풍
경과 구도는 〈절규〉와 유사하지만, 세부 묘사에서 〈절규〉보다 사실적이고, 불안하게 출렁이는
자연의 움직임도 훨씬 덜하다. 그림의 중심인물 역시 평범하다.

이렇듯 햇볕이 강하기 때문인지, 자연이 주는 색감 또한 매우 강렬하고 원색적이다. 시원하고 깨끗한 파란 빛의 하늘과 바다, 여름 날이면 화려하고 청량하게 우거지는 푸른 숲, 그리고 특히 햇볕이 강한 날의 저녁노을은 소름이 끼칠 정도로 강렬한 붉은색으로 타오른다. 마치 세상이 불바다에 휩쓸려버린 느낌이랄까. 눈앞에 보이는 노을의 풍경은 현실로 믿기지 않을 지경이다.

신경 쇠약과 현기증을 자주 느꼈던 20대의 뭉크의 불안한 심리 상태를 생각해보면, 이토록 강렬한 색감을 품은 거대한 자연의 모습은 뭉크에게 위협적으로 다가왔고 시각적 충격을 주었을 것이다. 뭉크는 이 시각적 충격을 청각적으로 '자연의 비명'이라 표현했고, 그 비명을 듣는 자신의 심리 상태를 다시 시각적으로 표현한 것이 바로 〈절규〉라는 그림이다.

예술에 대한 모독 혹은 현대 추상 미술의 씨앗

판지에 크레용과 템페라로 거칠게 그린 〈절규〉는 얼핏 습작처럼 보인다. 그러나 이 그림이 완성되기까지 뭉크는 여러 장의 스케치와 습작 들을 그렸다. 선행작도 있다. 〈절망〉은 〈절규〉보다 한 해 전에 그려졌는데, 같은 배경에 같은 모티프를 다루고 있다. 뭉크의 노트에서 앞서 인용한 부분에는 〈절망〉의 스케치가 함께 그려져 있다. 뭉크는 이 스케치에 토대하여 1892년 유채로 〈절망〉을 그렸다.

〈절망〉은 〈절규〉에 비하면 전경의 인물뿐만 아니라 자연 배경 또한 형태와 분위기에서 훨씬 안정적이고 사실적이다. 이 그림에서 난간에 기대어 풍경을 내려다보고 있는 전경의 남자는 뭉크 자신일 것이다. 뭉크는 이후에 〈절망〉에서 그린 이 모티프를 계속 실험하면서 변형시켰는데, 특히 지평선과 해안선의 곡선을 유지하면서도 형태를 추상적으로 단순화했다.

〈절망〉을 완성한 후에 뭉크는 뭔가 부족하다는 것을 느꼈을 것이다. 자신이 느꼈던 자연의 비명을 사실적인 묘사로 담기엔 역부족이었으리라. 그래서 그는 하늘을 더욱 물결치게 그리고 강렬한 색감으로 채색했다. 인물의 얼굴을 일그러뜨렸고, 몸은 몸서리치며 불안에 떨게 했다. 그리고 이런 모티프를 잘 정제된 캔버스가 아닌 거친 판지 위에 그렸다. 그렇게 그는 위대한 걸작 〈절규〉를 완성한다.

이 그림은 당시의 그림 경향에 견주어보면 아주 특이한 그림이었다. 미완성작이나 습작처럼 보이는 것은 둘째 치더라도, 풍경화도 아니고 인물화도 아닌 이 그림은 기괴해 보이기까지 했다. 당시의 풍경화들은 눈에 보이는 인상을 밝고 선명한 색채를 사용하여 그리는 방식이 대부분이었다. 자연을 관통하여 들려오는 거대하고 끝없는 비명에서 그림의 영감을 받았기에 자연 풍경이 이 그림에서 중요한 요소임은 틀림없지만, 기존의 풍경화와는 너무나 다르고 보는 사람을 압도하는 무언가가 있었다.

〈절규〉의 영감이 된 '거대한 자연에서 환기된 감정'은 1800년대 초반의 독일 낭만주의와 닿아 있는 듯하다. 카스파르 다비드 프리드리히Caspar David Friedrich로 대표되는 독일 낭만주의는 무한하고 숭

카스파르 다비드 프리드리히, 〈안개 바다 위의 방랑자〉
캔버스에 유채, 94.8×74.8cm, 1818, 함부르크 미술관

고한 자연 앞에 홀로 외롭게 마주 선 인간의 경험을 표현한다. 비야르케Øyvind Storm Bjerke와 같은 미술사가는 〈절규〉를 독일 낭만주의의 전형을 새롭게 형상화한 그림으로 평가하기도 한다. 압도적인 자연 풍경에서 강렬한 감정이 고취되었다는 점에서 〈절규〉가 독일 낭만주의와 맥을 함께한다는 것이다.

그러나 〈절규〉가 담고 있는 감정은 독일 낭만주의에서 보이는 숭고미나 비장미가 아니라, 불안감과 공포와 같은 인간 내면의 어둡고 부정적인 감정이었다. 이런 관점에서 〈절규〉를 상징주의와 연결 짓기도 한다. 1880년대를 전후하여 파리에서 시작된 상징주의는 인간 내면에 존재하는 어두운 감정, 직관, 기억, 상상에 집중한다. 〈절규〉의 핵심 주제인 비명과 불안감은 상징주의의 이러한 주제와 일맥상통한다. 그러나 상징주의 화가들은 그림의 소재를 주로 신화나 전설, 성경, 중세 시대의 이야기에서 찾은 데 반해, 뭉크는 자신이 직접 경험한 사건을 소재로 하고 있다는 점에서 차이가 있다. 또한 상징주의의 그림들과 〈절규〉는 기묘한 분위기를 담고 있다는 것 외에 공통적으로 나타나는 형식적인 유사성은 없다.

한편, 형태의 단순화, 면과 색을 이용한 평면적인 표현, 주제의 느낌을 색으로 나타낸다는 점에서 〈절규〉는 종합주의Synthetism 혹은 나비파Les Nabis와 형식적인 유사점을 보인다. 폴 고갱Paul Gauguin으로 대표되는 종합주의는 주제 면에서 상징주의와 같이 기억과 상상에 의존한 그림을 강조하면서 동시에 형식적으로 색면과 선을 이용한 단순화를 추구한다. 그리하여 사물들을 부피감 없이 이차원의 색평면으로 묘사하고, 형태의 구분을 위해서 가장자리에는 검은 윤곽선

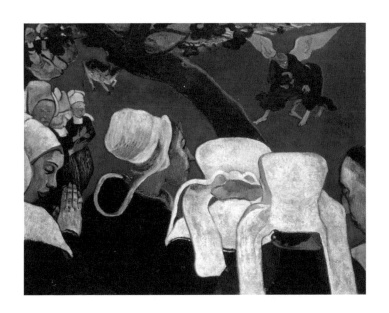

폴 고갱, 〈설교 후의 환영〉 캔버스에 유채, 72×91cm, 1888, 스코틀랜드 국립 미술관

뭉크는 파리 유학 시절에 고갱의 강렬한 색채와 형태를 단순하게 표현하는 방식 등을 접하게
된다. 고갱은 강하고 밝은 색채를 사용하여 신비감을 상징적으로 표현했는데, 대표적으로 〈설
교 후의 환영〉이 있다. 전경에 기도하는 여인들은 현실의 장면이고, 오른쪽 상단의 천사와 야
곱이 싸우는 장면은 환영 속의 장면이다. 한 화면 속에 현실과 상상이 공존하며, 선명한 색과
화면을 분할하는 대각선이 특징이다.

을 둘러 사물을 시각적으로 분리하고 강조한다.

대표적인 예로 고갱의 〈설교 후의 환영〉을 들 수 있는데, 이 그림은 순례제 때 전통의상을 입은 프랑스 브르타뉴 지방 사람들이 설교 후 창세기에 나오는 천사와 야곱이 싸우는 모습을 환영으로 보는 장면을 그린 것이다. 여기서 붉은 배경과 여인들의 흰 머리장식, 검은 전통의상, 화면을 대각선으로 이분하는 나무줄기 등은 모두 삼차원적인 묘사가 아니라 단순한 색 평면으로 그려져 있다. 그리고 야곱과 천사는 형태 가장자리에 검은 테두리를 둘러 붉은 배경과 분리되어 형태가 강조되어 있다. 이런 종합주의의 형식적 특징은 사실적 묘사보다는 시각적 단순화를 통해서 주제를 부각하는 효과를 기대하는 것이다.

〈절규〉에서 뭉크는 자신의 기억과 감정을 형태의 단순화, 강렬한 원색 사용, 평면적인 화면 구도로 표현했다. 이 점에서 〈절규〉를 종합주의의 관점에서 바라봐야 한다는 주장도 있다.

또한 나비파는 종합주의의 연장선상에서 결성된 모임으로, 검은 윤곽선으로 모티프의 형태를 고정시키고, 명암이나 입체감의 표현이 없는 순수한 색면과 선을 토대로 하여 구성 요소들을 거의 이차원적으로 배열함으로써 장식적이고 도안적인 회화 양식을 추구했다. 〈절규〉는 분명 종합주의나 나비파와 형식적인 유사성을 찾아볼 수 있으나, 종합주의와 나비파가 자연의 묘사를 장식적인 도안으로 발전시켜 마치 현대의 일러스트나 만화와 같은 형식적 특징을 보이는 것에 반해, 뭉크는 여전히 자연을 풍경으로 남겨두었다는 점에서 두 사조와 차이를 보인다.

요약하자면, 거대한 자연 풍경에서 작가가 직접 경험한 강렬하고 비실체적인 감정을 색과 형태의 왜곡으로 표현했다는 점에서 뭉크의 〈절규〉는 독일 낭만주의, 상징주의, 종합주의, 나비파와 연관되어 언급되지만 어느 사조와도 정확히 일치하지 않는다. 이렇듯 다양한 사조의 영향을 흡수하면서도 독특한 화풍을 드러낸 〈절규〉를 비롯, 자신의 경험을 형과 색의 왜곡을 통해 시각화한 뭉크의 그림들은 새로운 움직임을 갈구하던 젊은 독일 화가들에게 신선한 자극을 주었다.

이들 독일의 젊은 예술가들은 20세기에 들어서면서 다리파Die Brücke와 청기사파Der Blaue Reiter 같은 현대 미술 운동을 전개하며 표현주의 시대를 열어젖힌다. 뭉크는 이들이 표현주의를 창시하게 되는데 직접적으로 큰 영향을 주었기 때문에 뭉크를 표현주의 화가로 부르기도 한다. 하지만 엄밀히 말하자면 뭉크는 표현주의라는 현대 미술 운동에 결정적인 초석을 놓았다고 할 수 있을 것이다.

표현주의는 이후 추상 미술의 탄생을 이끌었다. 뭉크의 영향을 크게 받은 청기사파의 바실리 칸딘스키Wassily Kandinsky는 이후 내면의 감정을 순수한 형태와 색으로만 표현하는 경지에 이르면서 형상을 완전히 해체해버리게 되는데, 이때부터 추상 미술이 시작되었다고 할 수 있다. 이렇듯 시대를 앞서갔던 뭉크의 파격적이고 혁신적인 시도는 동시대인들로부터 예술에 대한 모독 혹은 오만방자한 화가라는 혹평 세례를 받았지만 미술사 전체로 보면 현대 미술의 정수라 할 수 있는 추상 미술을 탄생시키는 씨앗을 만들었다고 봐야 할 것이다.

다양한 버전의 〈절규〉

뭉크는 하나의 모티프를 다양한 방법으로 여러 번 그리는 것을 즐겼다. 〈절규〉 또한 4개의 버전과 판화본이 존재한다. 동일한 제목에 같은 모티프를 가졌지만 디테일에 있어서는 4개의 버전이 조금씩 다른 모습을 보인다.

우선 우리에게 가장 친숙하게 알려진 버전이 앞에서 살펴본 〈절규〉이다(12쪽). 우리가 흔히 떠올리는 〈절규〉의 얼굴은 대부분 이 버전에서 기인한다. 판지에 템페라와 크레용으로 그린 이 그림은 잘 보면 특이한 점이 있다. 화면 오른쪽에 덧붙여 확장시킨 부분이 그것이다. 어떤 이들은 뭉크가 새로운 포맷을 실험해본 것이라고 하기도 하고, 또 어떤 이들은 원래 이 그림이 연작 〈생의 프리즈〉의 일부로 계획됐기 때문에 옆에 배치할 다른 그림과 구분하기 위해 붙였다고 보기도 한다.

노을 부분을 보면 아주 작게 한 줄의 글귀가 적혀 있는 것을 발견할 수 있다. "미친 사람만이 그릴 수 있는 그림이다"라는 이 글귀가 최초로 발견된 건 1904년인데, 뭉크 자신이 썼는지 다른 이가 썼는지는 확실하지 않다. 필체를 분석해 본 결과 뭉크보다는 관람객 중 누군가가 썼을 가능성이 더 크다고 한다.

뭉크 미술관은 판지에 크레용으로 그린 1893년 작과, 판지에 템페라와 유채로 그린 1910년 작의 두 가지 버전을 소장하고 있다. 1893년 작은 크레용의 터치가 거칠고 건물과 배가 없다. 디테일이 약해 아마도 연습 버전이었을 가능성이 크다. 반면 1910년 작은 템

Geschrei

Ich fühlte das grosse Geschrei
durch die Natur

〈**절규**〉 석판화, 35.5×25.4cm, 1895, 노르웨이 국립 미술관
하나의 모티프를 유화, 파스텔화, 판화 등 다양한 방식으로 표현했던 뭉크는 〈절규〉 역시 석판
화 버전으로 제작했다. 뭉크는 판화 분야의 선구자로 불릴 만큼 많은 수의 판화를 만들었다.

페라와 유채로 그려져 색이 선명하고 형태가 비교적 견고하다. 특징은 중심인물에 눈동자가 없다는 것이다.

1895년에 만든 석판화 버전은 뭉크 미술관과 노르웨이 국립 미술관 두 곳 모두 소장하고 있다. 뭉크 자신도 이 판화 버전을 몇 개나 찍어냈는지 정확히 기억하지 못했는데, 현존하는 판화본은 10점에서 20점 정도 된다고 예상한다. 국립 미술관에서 1점, 뭉크 미술관에서 5점을 소장하고 있고, 그중에는 채색본도 1점 있다. 판화라고 하면 모두 똑같은 결과물을 생각하지만, 뭉크는 기본 모티프의 판화 원판으로 다양한 실험과 시도를 했다. 그래서 독일어로 제목이 써 있거나 채색이 되어 있는 등 다양한 변형 버전이 존재한다.

마지막으로 1895년 판지에 파스텔로 그린 버전이 있다. 이 버전은 특이하게도 뭉크가 직접 프레임을 짜서 만들었고, 〈절규〉의 영감이 된 글을 손으로 써서 그 프레임 하단에 직접 만들어 붙였다. 다른 버전에서는 배경의 길이 자유롭게 채색되어 있는 데 반해, 이 그림에서는 마치 자를 대고 그은 것처럼 매우 정확하고 날카롭게 표현되어 있다.

그리고 배경의 두 남자를 주목해볼 만하다. 다른 버전들에는 두 인물이 모두 서 있다. 뭉크의 노트에 등장하는 친구들일 것으로 추

〈절규〉 판지에 파스텔, 79×59cm, 1895, 개인 소장
파스텔 버전의 〈절규〉는 1895년 독일의 미술 수집가 유진 폰 프란케트의 주문으로 제작되었다. 다른 버전들보다 뭉크가 표현하고자 한 바를 가장 잘 드러낸 작품으로 평가받는다. 2012년 소더비 미술 경매를 통해 약 1,400억 원에 판매되는 기록을 남겼다.

정된다. 그러나 이 파스텔 버전에는 두 인물이 좀 더 섬세하게 표현되고 있다. 한 명은 서서 고개를 돌려 피오르를 바라보고 있고, 조금 뒤쪽의 다른 한 명은 난간에 기대어 있다.

이 두 인물과 중앙의 중심인물이 동일 인물이며, 이 그림에는 이들을 시간 순서대로 나열해놓은 것이라고 보는 의견도 있다. 즉 뭉크가 노트에서 묘사했듯이, 길을 가다가 피오르를 바라보고, 죽을 듯 피곤하여 난간에 기대고, 그다음 비명을 듣는다는 것이다. 이 파스텔 버전은 다른 버전들보다 뭉크의 노트 내용과 가장 잘 맞아떨어지고 뭉크가 표현하고자 한 바를 잘 드러낸 그림으로 보인다. 그리고 하나 더 재미있는 점은 중심인물의 양쪽 콧구멍 색깔이 다르다는 것이다.

소장 경위가 명백한 미술관 소장의 다른 버전들과 달리, 파스텔 버전의 〈절규〉는 개인이 소장하다가 소더비에 경매 의뢰를 하게 된 경우이다. 그래서 소더비는 경매를 진행하기 전에 이 그림의 뒷조사를 하게 되었는데, 그 이야기도 흥미롭다.

이 그림은 1895년에 독일의 미술 수집가 유진 폰 프랑케트Eugen von Franquet가 뭉크에게 주문하면서 제작되었다. 이후 이 그림은 1926년 독일의 은행가 휴고 시몬Hugo Simon에게 팔리게 된다. 그러나 유대인이었던 시몬은 1932년 나치당이 제1당이 되자 신변의 위협을 느끼고 1933년 파리로 망명을 떠난다. 시몬은 이때 〈절규〉를 함께 가지고 갔고, 스위스 등 중립국에 팔려고 여러 번 시도한다. 결국 1937년 중립국이었던 스웨덴의 예술품 딜러인 막스 몰비드손Max Molvidson을 통해 노르웨이 선박 회사의 주인인 토마스 프레드리크 울센Thomas Fredrik Olsen에게 이 그림을 팔게 된다. 그렇게 〈절규〉는 노르웨이로 다시 돌아온다.

1940년, 독일이 노르웨이를 침략했다. 나치 정부는 뭉크를 포함한 모더니즘 예술을 퇴폐 예술로 규정하고 이들 예술품의 약탈과 파괴를 일삼았다. 그래서 〈절규〉는 나치 정부의 손을 피하기 위해 제2차 세계대전 동안 노르웨이 중부 산악 지방인 보고Vågå에 있는 울센 가의 종갓집으로 옮겨진 다음, 이웃 목장의 여물 창고에 수년 동안 숨겨져 있었다.

소더비는 이 그림의 판매를 울센 가에게서 위탁받으면서 이 뒷이야기를 파헤치는 데 공을 들였다. 왜냐하면 제2차 세계대전 중 유대인에게서 갈취한 미술품은 장물과 같이 취급되어 제대로 된 경매를 진행할 수 없기 때문이다. 소더비는 이 파스텔 버전 〈절규〉가 정당하게 시몬이 울센에게 팔았던 것인지 밝히는 데 상당한 노력을 기울였고, 결국 이 그림이 1937년 시몬의 의도대로 판매된 것으로 조사되면서 경매를 진행할 수 있었다.

이 그림을 상속받은 토마스 프레드리크 울센의 아들 페테르 울센Petter Olsen은 2012년 소더비를 통해 1억 1,992만 2,500달러, 우리 돈으로 약 1,400억 원에 그림을 팔았다. 페테르 울센은 이 돈으로 오슬로에서 50킬로미터 정도 떨어진 동쪽 해안의 작은 마을 비트스텐Hvitsten이라는 곳에 있는 람메 저택Ramme gård을 구입하여 사립 뭉크 미술관을 지을 계획이다.

페테르 울센이 미술관을 지을 곳으로 이곳을 선택한 이유가 있다. 1910년, 뭉크가 비트스텐의 작은 농장 네드레 람메Nedre Ramme를 구입하고 이곳에서 오슬로 대학 강당 벽화를 완성했기 때문이다. 또한 이곳은 오스고쉬트란드의 작은 집과 함께 뭉크가 죽을 때까지 소유했던 곳이기도 하다.

그의 목표대로 이곳에 뭉크 미술관이 개관한다면 작품의 배경이 됐던 풍경을 그림과 함께 볼 수 있게 될 것이고, 오슬로의 뭉크 미술관과는 또 다른 매력을 가진 미술관이 되지 않을까 기대해본다.

〈절규〉, 도둑들의 타깃이 되다

〈절규〉는 여러 번 범죄의 표적이 되기도 했다. 뭉크 미술관과 노르웨이 국립 미술관 두 곳 모두 한 번씩 〈절규〉 도난 사건을 경험했다. 어떻게 두 번이나 〈절규〉가 도난당하는 사건이 일어날 수 있었던 것일까? 그 뒷이야기들도 마치 범죄 소설과 같이 흥미롭다.

1994년 2월 12일 토요일. 그날은 노르웨이 릴리함메르에서 동계 올림픽이 열리는 날이었다. 이른 아침 6시 29분. 국립 미술관 정문 앞에 승용차 한 대가 정차한다. 그리고 검은 옷을 입은 두 남자가 재빨리 내려 움직이기 시작한다. 그들은 전날 미술관 정문 근처의 덤불숲에 숨겨놓은 사다리를 꺼내 1층 창문에 기대어 걸고, 이내 한 명이 사다리를 타고 올라간다. 거의 사다리 끝까지 오른 그는 발이 미끄러지면서 떨어지기도 하지만, 다시 거침없이 사다리를 오른다. 유리창을 깨고 미술관 안으로 들어간 지 불과 50초 만에 〈절규〉를 들고 창으로 다시 돌아온 그는, 사다리를 통해 아래에서 기다리고 있던 동료에게 그림을 전달한다. 그리고 그들은 사다리를 그대로 남겨둔 채 다시 재빨리 차를 타고 도주한다.

이 모든 상황은 흑백에다 잔상이 많기는 하지만 미술관의 폐쇄 회로 카메라에 고스란히 다 담겨 있다. 어떻게 이런 절도가 버젓이 일어날 수 있었을까? 하필이면 그날 미술관에는 새로 고용된 경비원이 밤 근무를 서고 있었고, 그는 보안 업무 체계를 잘 알지 못했다. 절도범이 유리를 깨고 들어오는 모습이 눈앞에 놓인 보안 모니터에 찍히고 있던 바로 그때, 그 경비원은 문서 작업을 하느라 미처 모니터를 보지 못했다. 보안 시스템이 전시장의 움직임을 감지하여 경고 알람을 울렸지만, 그는 알람 소리가 성가셔서 그냥 알람을 꺼버리고 말았고, 결국 너무도 쉽게 〈절규〉는 도둑맞고 말았다.

〈절규〉가 걸려 있던 자리에는 두 도둑이 남긴 엽서 한 장이 덩그러니 붙어 있었다고 한다. 세 명의 남자가 탁자를 두드리며 숨이 넘어갈 듯 웃는 그림이 그려진 엽서였는데, 뒷면에는 "허술한 보안에 감사드립니다"라고 적혀 있었다.

천만다행히도, 이 그림은 두 달 뒤인 4월 7일에 되찾을 수 있었다. 그렇게 되기까지는 영국 런던 경찰국의 예술품 전담 수사반인 아트 스쿼드Art Squad의 부장 찰리 힐Charley Hill이 큰 역할을 했다. 그는 아트 스쿼드의 명성을 높이고자 이 사건에 많은 노력을 쏟았다.

미국의 최대 사립 미술관인 게티 미술관의 협조를 구한 뒤 힐은 크리스 로버츠라는 가명으로 게티 미술관의 큐레이터로 행세하면서, 특별 전시에 노르웨이 국립 미술관의 〈절규〉가 꼭 필요하다는 핑계로 〈절규〉의 구매처를 수소문한다. 그는 딜러인 아이나르 투레 울빙Einar Tore Ulving의 도움으로 미술품 암시장과 접촉할 수 있었고, 우여곡절 끝에 오슬로의 갱 조직 트바이타Tveita가 〈절규〉 절도 사건의 배후라는 것을 알아낸다. 그렇게 해서 힐은 울빙을 통해 트바이타와의 접촉을 시도하고, 어렵게 만날 약속까지 잡게 된다. 힐은 오슬로 경찰에게 갱단이 낌새를 챌 수도 있으니 절대로 접선 장소에 나타나지 말라고 당부했으나, 오슬로 경찰은 접선 장소인 라디손 호텔Radisson Hotel에 사복 경찰을 배치시키고 만다. 더구나 잠복 중인 사복 경찰은 너무도 어설프게 변장하여 누구라도 경찰임을 알아볼 수 있을 정도였다. 약속 장소에 나온 트바이타 조직원이 호텔 바에 앉아 있던 사복 경찰에게 왜 겉옷 안에 방탄조끼를 입고 있느냐고 물을 정도였으니 말이다.

게다가 그날 하필 그 호텔에는 전국 마약 범죄 관련 컨퍼런스가 열리고 있었고, 수많은 경찰들이 버젓이 호텔을 돌아다니고 있었다. 어설프게 변장한 사복 경찰은 임기응변으로 컨퍼런스에 참석한 경찰이라고 대답하여 트바이타 조직원의 의심을 피할 수는 있었으나 경찰이 너무 많아 상황이 좋지 않다고 판단한 트바이타는 호텔에서의 접선을 취소하고 만다.

힐은 실망했지만 울빙은 트바이타가 거래를 계속 원한다는 소식을 알려온다. 대신 울빙이 중간에서 그림을 전달하는 조건이었다. 이튿날 힐은 울빙의 요청대로 오스고쉬트란드에 있는 울빙의 별장을 방문했고, 울빙이 별장 지하실에서 〈절규〉를 가지고 나온다. 그렇게 〈절규〉는 갱단의 손아귀에서 벗어날 수 있었다.

이제 범인을 잡을 일만 남았다. 오슬로의 한 호텔에서 그림값을

지불하기 위한 비밀 회합이 잡혔다. 그곳에는 경찰이 잠복해 있었고, 힐에게 돈을 받으러 온 트바이타 조직원들은 체포되고 만다. 취조 끝에 〈절규〉를 훔친 이가 트바이타 조직원인 폴 엥게르Pål Enger였다는 게 밝혀지고, 그는 징역 6년형을 선고받는다. 울빙은 수사 초기부터 트바이타와 같은 편에서 장물을 취급하는 것이 아닐까 하는 의심을 받았으나, 어쨌든 그림을 되찾는 데 도움을 준 공로를 인정받아 경찰 조사는 피할 수 있었다.

경찰은 엥게르와 함께 그림을 훔친 인물로 비욘 그뤼트달Bjørn Grytdal을 의심했으나 증거 부족으로 그를 구속하지는 못했다. 그러나 공소 시효가 끝난 후 엥게르가 그뤼트달이 자신과 함께 그림을 훔친 공범이었다고 고백하면서 마침내 〈절규〉 절도 사건의 전모가 밝혀진다.

사실 이 둘은 1988년에 뭉크 미술관에서 〈뱀파이어〉를 훔친 적이 있었다. 엥게르는 그때 〈절규〉를 훔치고 싶었으나 당시 해외 대여 중이라 미술관에 없어 목표를 이루지 못했고, 이때 〈절규〉를 훔치지 못한 것에 대해 아쉬움을 가지고 있었다. 전설적인 대도를 꿈꿨던 엥게르는 동계 올림픽으로 세계 각국의 외신 기자들이 노르웨이에 와 있던 그 시기에 〈절규〉를 훔쳐 전 세계의 이목을 끌고 싶었던 것이다.

두 번째 〈절규〉 도난 사건

〈절규〉를 훔쳐 세간의 이목을 끈다는 엥게르의 이와 같은 아이디어는 10년 후 뭉크 미술관의 〈절규〉와 〈마돈나〉 도난 사건에 영향을 주기도 했다. 뭉크 미술관의 〈절규〉 도난 사건의 배후는 다비드 알렉산더 토스카David Aleksander Toska였는데, 그도 트바이타에 속해 있으면서 엥게르와 안면이 있었고 공통의 친분이 여럿 있었다. 그리고 둘 다 스펙터클한 절도를 좋아했다.

뭉크 미술관의 〈절규〉 도난 사건은 좀 더 대담했고, 더 복잡한 뒷사정이 있었다. 그림을 되찾기까지도 무려 2년이 넘게 걸렸다.

2004년 8월 22일 일요일 오전이었다. 여느 날과 마찬가지로 뭉크 미술관은 평화로웠다. 검은 복면을 쓰고 권총을 든 강도 두 명이 미술관으로 들어오기 전까지는 말이다. 당시에 미술관에는 두 명의 경비원만 있었을 뿐, 보안 시스템이나 경보 장치는 없었다. 두 명의 경비원과 미국과 유럽 각국에서 온 많은 관람객들이 있었지만 총을 든 두 강도들은 별다른 저지 없이 〈절규〉와 〈마돈나〉를 벽에서 떼어 들고 나왔고, 미술관 앞에 대기하고 있던 차를 타고 유유히 사라졌다. 순식간에 뭉크의 대표작 2점이 도난당한 것이다.

미술관 안에서의 강도들의 행각에 대한 증언은 서로 엇갈렸다. 당시 경비원은 강도가 총을 조준하며 바닥에 엎드릴 것을 요구했다고 주장했다. 그러나 후에 범인들의 증언에 따르면, 그들은 총으로 위협한 적도 없었고 한 강도는 말더듬이였기에 말로 위협을 가하기도 어려웠다.

토스카는 주도면밀하게 〈절규〉를 훔치라고 지시했지만 이후 밝혀진 바에 의하면 사건을 주도한 세 명의 강도는 좀 어눌했던 것 같다. 중간 보스에게서 각자 지시를 받은 이 세 강도는 세 번째 시도에서야 그 지시를 실행에 옮길 수 있었다. 원래 계획했던 첫 번째 날짜에는 한 명이 설사병에 걸려 시도조차 못했고, 두 번째 시도에서는 만나기로 했던 장소를 서로 착각하여 미술관의 다른 길목에서 몇 시간씩 기다리다 포기하고 말았다. 결국 성공한 세 번째 시도도, 원래 계획은 개관 시간에 맞춰 들어가 관람객이 거의 없는 상태에서 훔쳐 나오는 것이었는데, 개관 시간을 잘못 알고 한 시간 늦게 도착하는 바람에 많은 관람객이 있는 상태에서 범행을 저지를 수밖에 없었다. 게다가 절도에 필요한 유일한 장비인, 그림을 매달고 있는 와이어를 끊을 절단기도 가지고 오지 않아서 힘으로 떼어내 들고 나와야 했다. 대담하게도 세기의 걸작을 2점이나 훔쳐 간 도둑치고는 어설프기 그지없다.

오슬로 경찰은 이 두 그림을 찾기 위해 사방으로 조사를 펼쳤고, 결국 이번 절도 사건 역시 트바이타와 연관이 있다는 사실을 알게 됐다. 사실 이 뭉크의 〈절규〉 도난 사건은 당시 트바이타의 우두머리 토스카의 치밀한 계획하에 이루어진 것이었다.

〈절규〉가 도난당하기 얼마 전인 2004년 4월 5일. 노르웨이의 대표적인 석유 산업 도시 스타방게르Stavanger에 있는 보안 경비 회사 노카스NOKAS의 현금 보관소에 열한 명의 강도단이 들이닥쳐 5,700만 코로네, 우리 돈으로 약 80억 원을 훔쳐 달아났고, 이때 경찰 한 명이 사망한다. 이는 노르웨이에서 찾아보기 힘든 전대미문의 강도 사건이었다. 이 사건의 주모자로 토스카가 지목되었지만 그는 벌써 스페인으로 달아난 뒤였다. 토스카는 경찰의 수사망이 점점 좁혀오자 경찰의 관심을 분산시키는 동시에 후에 협상 수단으로 사용하고자 뭉크의 〈절규〉와 〈마돈나〉를 훔치는 계획을 세웠다.

경찰은 이 도난 사건의 배후에 토스카가 있다는 심증을 갖고 있었으나 물증이 없었다. 그러던 중 미술관에서 직접 그림을 훔친 세명 중 한 명으로 트바이타 조직원인 스티그 루네 페테르센Stig Rune Pettersen을 지목하고 그의 뒤를 쫓게 된다. 확실한 물증을 잡기 위해 한 경찰이 페테르센의 옆집으로 이사하여 이웃으로 위장, 친분을 쌓는다. 이들이 친구가 되기까지 1년에 가까운 시간이 흘렀다. 친구가 된 위장 경찰은 어느 날 한 레스토랑에서 페테르센에게 그림 절도와 관련해 유도 질문을 했고, 페테르센은 자신이 알고 있는 모든 것을 얘기했다. 당연히 이 대화는 모두 녹음되고 있었고, 그 안에는 모든 것이 토스카의 지시에 따른 것이라는 증언이 있었다. 그러나 그는 그림들이 어디에 있는지는 알지 못했다.

토스카는 결국 인터폴의 협조를 받아 스페인에서 체포되어 노르웨이로 송환되었고, 경찰은 페테르센의 증언을 바탕으로 그림들의 행방을 추궁했다. 토스카는 그림을 반환하는 조건으로 형량을 거래했다. 그리고 오슬로 시에 400만 크로네, 우리 돈으로 약 6억 원을 요구했다. 물론 경찰은 이 요구를 받아들이지 않았다고 발표했지만, 이 협상의 정확한 내용은 공개되지 않고 있다.

토스카는 자신의 변호사를 통해 〈절규〉와 〈마돈나〉를 반납했다. 이 그림들이 어디에서 어떻게 숨겨져 있었는지 토스카와 변호사 이

외에는 아무도 알지 못했다. 사건 중간에 운반책, 감시책 등으로 활약했던 트바이타 조직원들의 진술에 의하면, 시골 벌판에 세워둔 캠핑카의 이층 침대 각 층 매트리스 아래에 하나씩 보관한 적도 있었다고 전해진다. 그러나 그것은 일시적인 것이었고, 2년이라는 시간 동안 어떻게 그림들이 이동되고 보관되었는지는 토스카만이 알고 있었다.

어쨌든 토스카는 19년형을 선고받았고, 〈절규〉와 〈마돈나〉는 2006년 8월 31일 많이 손상된 채로 뭉크 미술관으로 돌아왔다. 이후 뭉크 미술관은 보안이 취약한 전시장을 폐쇄했고, 현재 미술관 일부만 사용을 하고 있다. 또 입구에 보안 검색대를 설치하고 보안 인력을 확충하는 등 보안 시설을 대폭 강화했다. 그리고 이 일을 계기로 좀 더 현대적이고 철저한 보안 시스템을 갖춘 새로운 미술관 건물의 필요성이 대두되어 2020년 개관을 목표로 새 뭉크 미술관을 준비 중이다.

03

EDVARD MUNCH

영원한 습작 〈아픈 아이〉

그륀네르로카의 가난한 부르주아

뭉크의 아버지 크리스티안 뭉크Christian Munch는 군의관으로, 근무 부대를 따라 자주 거주지를 옮겨 다녔다. 마흔이 넘도록 미혼이었던 그는 동료의 집을 방문했다가 우연히 몰락한 선장의 딸인 라우라 비욜스타드Laura Cathrine Bjølstad를 만나게 된다. 스무 살이나 나이 차이가 났지만 1861년 그들은 결혼을 했고, 7년 동안 다섯 명의 자녀를 낳을 정도로 금슬이 좋았다.

뭉크가 태어난 이듬해인 1864년 크리스티안이 아케슈스 성으로 발령받으면서 뭉크 가족은 크리스티아니아로 이사를 가게 된다. 뭉크 가족은 시내 중심에 거처를 마련했고, 이곳에서 뭉크의 세 동생들이 태어났다. 그러나 막냇동생 잉게르가 태어난 해인 1868년 겨울, 뭉크의 어머니 라우라는 지병이었던 폐결핵을 이기지 못하고 세상을 떠나고 만다. 뭉크가 막 다섯 살이 되었을 때였다. 너무 어릴 때 어머니를 여읜 뭉크는 어머니에 대한 기억이 많지는 않았다. 그러나 어머니의 부재는 언제나 그의 마음에 채울 수 없는 허전함으로 남았다.

크리스티안은 라우라가 죽자 크게 상심하여 마음의 문을 닫고 종교에 심취했다. 아직 어린 뭉크와 남매들에게 엄격했고, 손찌검을 하기도 했다. 감정 기복이 심해 아이들을 대하는 태도가 일관적이지 않았고 아이들은 아버지에게 공포를 느끼기까지 했다. 라우라의 건강이 좋지 않아 그녀의 여동생 카렌Karen이 자주 뭉크의 집을 방문했었는데, 언니가 세상을 떠나자 카렌은 아예 뭉크의 집으로 들어와 조카들을 보살폈다. 카렌은 뭉크와 남매들에게 어머니의 대신이자 마음을 기댈 유일한 존재였다.

뭉크 가족은 한동안 크리스티아니아 시내 중심에서 살았지만 뭉크가 열두 살이 되던 1875년에 당시 신설 주택가 지역인 그뤼네르로카Grünerløkka라는 지역으로 이사를 가게 된다. 그리고 뭉크가 스물일곱 살에 파리 유학을 떠날 때까지 뭉크 가족들은 이 지역에서 살았다. 뭉크가 유학을 떠난 뒤 아버지가 사망하자 남은 가족들은 크리스티아니아 동쪽 외곽의 콜보튼으로 이사하며 크리스티아니아를 떠난다.

뭉크가 성장기를 보낸 그뤼네르로카는 오슬로 중앙을 남북으로 흐르는 아케르 강Akerselva의 동쪽에 위치한 지역이다. 흔히 아케르 강을 중심으로 강 서쪽을 베스트칸텐Vestkanten, 강 동쪽을 외스트칸텐Østkanten이라고 부른다. 1800년대 도시화와 산업화가 진행되면서 인구가 늘어나고 노동자들의 거주지가 확장되면서 강을 중심으

뭉크의 부모와 형제들

뭉크의 부모 크리스티안 뭉크(위의 왼쪽)와 라우라 비욜스타드(위의 오른쪽)는 스무 살 나이 차를 극복하고 결혼해 다섯 명의 자녀를 낳았다. 1868년, 뭉크가 다섯 살이 되는 해에 라우라는 폐결핵으로 세상을 떠났다. 뭉크는 어머니에 대한 기억이 많지 않았지만, 세상을 뜨기 전 어머니와 손을 잡고 동네를 산책했던 추억을 스케치로 남기기도 했다. 아래의 가족사진은 1868년에 촬영한 것으로, 가운데에 라우라가 막내 잉게르를 안고 있다. 사진 왼쪽에는 첫째 소피에가 서 있고, 그 앞에 셋째 안드레아스가 앉아 있다. 오른쪽에 뭉크와 넷째 라우라가 있다.

<카렌 이모> 캔버스에 유채, 82.5×81.5cm, 1881, 뭉크 미술관

뭉크의 이모 카렌 비욜스타드는 뭉크 가족에게 어머니를 대신하는 존재였다. 라우라가 죽은 뒤, 다섯 명의 조카와 집안 살림을 도맡으며 뭉크 가족을 돌봤다. 어린 시절부터 그림에 관심과 재능이 많았던 뭉크가 화가가 될 수 있도록 지원과 응원을 아끼지 않았으며, 장성한 뭉크가 해외에 있을 때도 안부 편지를 주고받을 정도로 친밀한 관계를 유지했다.

로 나뉘는 이 두 지역에 대해 경제적·사회적으로 상이한 인식이 생기게 된다. 베스트칸텐은 이른바 부르주아 혹은 상류층의 주거지이고, 외스트칸텐은 노동자와 이민자들의 주거지로 생각하는 경향이 있는 것이다. 그래서 베스트칸텐은 고위층, 부자, 콧대 높은 등의 이미지가 있고, 외스트칸텐 쪽은 노동자, 다문화, 사회주의자 등의 이미지를 지니고 있다. 현재는 두 지역의 경제적·사회적 격차가 점차 줄어들었지만 여전히 베스트칸텐과 외스트칸텐이라는 구분은 흐릿한 편견의 형태로 남아 있다.

그뤼네르로카는 외스트칸텐이 시작되는 경계에 있다. 원래 그뤼네르로카는 노동자들의 주거 지역이었는데, 1990년대 말부터 젠트리피케이션 현상이 일어나면서 현재는 아기자기한 카페와 소문난 맛집, 개성 있는 옷집, 인테리어 소품점, 소규모 갤러리, 공연장 등 다양한 예술 관련 장소들이 모여 있어 예술가들과 젊은이들에게 인기 있는 오슬로의 중심 지역이다. 오슬로 사람들은 더 이상 그뤼네르로카를 전형적인 외스트칸텐 지역이라고 생각하지 않는다.

그러나 뭉크가 살던 1870년경에는 크리스티아니아의 외곽 지역이었고, 도시 확산 정책으로 새로 만들어진 대규모 주거 지역이었다. 대체로 노동자들이 이 지역에 대거 정착하게 되지만, 이때 일부 부르주아들도 이주해 오게 된다. 크리스티아니아로 이주한 후 11년간 베스트칸텐에서만 산 부르주아였던 뭉크 가족이 그뤼네르로카로 이사를 오게 된 것은 이런 흐름에서였다.

사설 병원이 부족했던 이 지역에 군의관이었던 뭉크의 아버지는 부업으로 집에서 사설 병원을 열어 가계에 보탬이 되고자 했다. 그

러나 실제로 이렇게 벌어들인 수입은 가계에 크게 도움이 되지 못했다. 경제적으로 넉넉하지 못했던 환자들에게는 진료비를 받지 못할 때도 허다했기 때문이다. 자신의 신심이 부족해 부인이 죽었다고 생각한 크리스티안은 가난한 환자들에게 진료비를 받지 않는 자선을 통해 부족했던 신심을 채운다고 믿었다. 그래서 뭉크 가족의 경제 사정은 썩 좋지 못했다. 형편이 좀 나아지면 좀 더 좋은 조건의 아파트로, 상황이 나빠지면 좀 더 저렴한 곳으로 집을 옮겨가며 뭉크 가족은 그뤼네르로카에서 15년 가까이 살았다.

사실 노르웨이에서 뭉크 가문은 꽤 유명한 가문이다. 덴마크와 스웨덴의 오랜 통치를 받은 역사적 특성상 노르웨이에는 특별한 귀족 가문이 따로 없다. 그래도 명망 높은 가문은 있기 마련이다. 뭉크 가家는 고위 성직자와 학자를 여럿 배출한 유수의 가문이다. 뭉크의 큰아버지인 페테르 안드레아스 뭉크는 노르웨이에서 손꼽히는 역사학자다. 현재 오슬로 대학 앞에 그의 동상이 세워져 있고, 인문학과 건물도 그의 이름을 따 지어졌다. 뭉크의 아버지 크리스티안도 의사라는 직업을 가진 지식인이자 상류층이었다.

뭉크 가족은 명망 있는 집안이었지만 경제적으로 풍족하지 못했고, 노동자들의 주거 지역에 살면서 부르주아 계급에도 노동자 계

오슬로 남북을 가로지르는 아케르 강
그뤼네르로카 지역으로 들어서는 뉘브루아Nybtua 다리에서 아케르 강을 내려다본 풍경이다. 아케르 강과 접한 동쪽에 그뤼네르로카가 위치해 있다. 현재 그뤼네르로카는 오슬로에서 젊은 세대가 가장 좋아하는 번화가로 꼽힌다.

급에도 끼지 못하고 겉돌았다. 당시만 해도 부르주아 계급과 노동자 계급의 경계가 명확했고, 그뤼네르로카 지역에 살고 있는 다른 부르주아들처럼 뭉크 가족 역시 노동자 계급과는 제한된 접촉만 하고 지냈다.

게다가 어린 시절 뭉크는 병약했다. 그는 만성 기관지 천식을 앓고 있었고, 류머티스성 고열로 여러 번 경련을 일으키기도 했다. 열세 살 때에는 매우 아파서 피를 토하고 환각을 볼 정도라 가족들이 뭉크의 생사를 걱정할 정도였다고 한다. 뭉크는 결국 학교를 그만두고 집에서 가정 학습을 받았다. 그래서 딱히 친구도 없었다. 지역의 이웃 또래들과 교류가 있는 것도 아니었다. 뭉크의 어린 시절은 외로웠다. 이 시절부터 뭉크는 정물이나 실내, 창밖으로 보이는 풍경을 즐겨 그렸다. 이러한 뭉크의 재능을 알아본 카렌 이모는 그가 그림을 그리는 것에 칭찬과 응원을 아끼지 않았다.

외로움을 이기는 친구, 그림

1875년 뭉크 가족이 처음 그뤼네르로카에 정착한 곳은 울라프 뤼에 광장을 내려다볼 수 있는 투르발드 마이에르 거리 48번지였다. 지금의 울라프 뤼에 광장은 그뤼네르로카의 중심지로 공원이 조성되어 있어 많은 사람들이 여가와 일광욕을 즐기고, 주변에 카페와 레스토랑, 개성 있는 상점 들이 빼곡하게 들어서 있어 매우 번화하고 활기차다. 그러나 뭉크 가족이 이사 왔을 때는 공터나 다름

뭉크 가족이 살았던 그륀네르로카의 아파트

뭉크 가족이 그륀네르로카로 옮겨와 처음 정착한 곳은 울라프 뤼에 광장이 내다보이는 아파트였다. 현재 투르발드 마이에르 거리 48번지에 있는 파란색 창틀이 있는 베이지색 건물이다. 뭉크가 살던 때에 울라프 뤼에 광장은 공터나 다름없었지만, 지금은 그륀네르로카의 중심지로서 매우 번화한 곳이다.

〈구 아케르 교회〉 판지에 유채, 21×16cm, 1881, 뭉크 미술관

뭉크의 10대 시절, 오슬로 포스 거리에 살던 뭉크는 창밖으로 보이는 구 아케르 교회와 텔트후스 언덕 등의 주변 풍경을 관찰하며 그림을 그렸다. 〈구 아케르 교회〉는 뭉크의 첫 번째 유화 작품이기도 하다.

없었다. 도시 계획에 따라 급격하게 지어진 신주택가의 황량한 분위기가 지배하고 이른 아침부터 늦은 저녁까지 일해야 하는 각박한 공장 노동자들의 삶이 펼쳐지는 곳이었다.

2년 후인 1877년 가을, 뭉크 가족은 울라프 뤼에 광장에서 한 블록 떨어진 포스 거리 7번지로 이사하게 된다. 그리고 그해 11월, 어머니 대신이자 놀이 동무였던 누이 소피에가 폐결핵으로 세상을 떠난다. 이 사건은 열세 살이었던 뭉크에게 큰 충격과 슬픔을 안겨주었다. 사춘기 소년 뭉크에게 소피에의 죽음은 평생 잊히지 않는 비극이었다. 소피에가 죽은 지 13년이 지난 1890년, 그는 마야와 카를레만이라는 가상의 인물을 통해 소피에의 죽음을 묘사한다.

> 저녁이었다. 마야는 붉게 상기되고 불덩이인 채로 침대에 누워 있었다. 그녀의 눈은 번쩍거렸고 방 안을 불안정하게 훑어보고 있었다. 그녀는 환각에 빠져 있었다. "사랑하는 카를레만, 저것 좀 치워줘. 너무 아파. 안 그래줄 거야?" 그녀는 간청하듯 그를 보았다. "그럴 거지? 저기 머리가 보이지? 저승사자가 있어."
>
> — 뭉크의 노트(MM N 3670, 1890)

소피에의 죽음 이후 뭉크는 본격적으로 그림에 빠져든다. 그렇게 그림을 그리면서 누이의 죽음으로 인한 슬픔과 외로움을 잊고 싶었던 것이었을까. 혹은 뭉크 자신도 사경을 헤맨 적이 있을 정도로 병약했기에 언제 맞닥뜨리게 될지 모르는 죽음에 대한 공포에서 벗어나고자 했던 것은 아니었을까. 아무튼 소피에의 죽음은 뭉크가 그림에 더욱 집중하게 만든 사건이었다.

지금은 학생 기숙사 건물에 가려 보이지 않지만, 뭉크가 살던 시절에는 포스 거리의 아파트에서 서쪽으로 아케르 강과 구 아케르 교회, 그리고 언덕길을 따라 작은 나무로 지은 집들이 총총하게 붙어 있는 텔트후스 언덕Telthusbakken이 보였다. 뭉크는 창밖으로 보이는 주변 풍경을 관찰하면서 그곳의 풍경을 수채와 유채로 그리곤 했다. 소피에의 죽음으로 인한 슬픔과 외로움이 묻어난 것인지, 이 시절에 그려진 그의 풍경화는 꿈 많은 10대 청소년이 그린 것이라 하기에는 왠지 모를 슬픔이 묻어난다.

한편, 뭉크의 아버지는 뭉크가 건축가나 엔지니어와 같은 안정적인 직업을 가지길 원했다. 결국 1880년 뭉크는 크리스티아니아 공학대학Kristiania Tekniske Skole에 들어가게 된다. 하지만 뭉크는 자신이 진짜 원하는 것이 화가가 되는 것임을 깨닫는다. 그래서 공학대학을 그만두고 이듬해인 1881년 3월 왕립미술학교에 입학한다. 이때 이미 아버지와의 갈등이 시작되고 있었다.

1882년 뭉크 가족은 다시 울라프 뤼에 광장 4번지에 있는 아파트 3층으로 이사를 간다. 이곳은 더 좋은 조건의 아파트였지만, 뭉크 아버지의 병원이 잘되지 않아 불과 1년을 조금 더 살다가 다시 포스 거리로 되돌아온다. 이 시기에 뭉크는 처음으로 자신의 그림을 팔게 된다. 그의 그림이 블롬크비스트Blomqvist 갤러리에서 호평을 받으며 판매된 것이다. 뭉크는 이를 계기로 자신감을 갖고 더욱 그림에 매진한다. 또래 친구들과 함께 칼 요한 거리에 아틀리에를 임대해 좀 더 집중적으로 그림 연습에 돌입한 것도 이 무렵이다.

〈**자화상**〉 판지에 유채, 26×18.5cm, 1882, 뭉크 미술관

유망한 예술학도로 인정받던 열여덟 살의 뭉크의 모습이다. 뭉크는 자신이 원하는 길을 찾아 1881년 왕립미술학교에 입학하고, 이듬해에는 블롬크비스트 갤러리에서 처음으로 자신의 그림을 팔게 된다. 칼 요한 거리에 아틀리에를 임대한 것도 이 무렵이다.

〈울라프 뤼에 광장의 오후〉 판지에 유채, 48×25.5cm, 1884, 스톡홀름 현대 미술관

인상주의 화가들은 빛에 의해 시시각각으로 달라 보이는 대상의 찰나의 순간을 포착하여 그렸다. 뭉크는 주로 위에서 내려다보는 구도로 광장에 모여 있는 사람들을 그렸는데, 광장을 오가는 사람들의 움직임을 실감나게 표현했다.

1883년, 스무 살이 채 안 된 뭉크는 크리스티아니아 산업 미술 전람회에 처음으로 작품을 출품하면서 유망한 미술학도로 이름을 알리게 된다. 이 무렵에 뭉크가 그린 그림들은 모두 당시 세계 화단에서 가장 혁신적인 화법이었던 인상주의 방식을 보여준다. 울라프 뤼에 광장을 그린 그림을 보면, 빛과 대기의 영향에 따라 눈에 보이는 인상에 집중하며, 조감도 시점, 직선광, 평행으로 내리긋는 붓질 등 인상주의의 특징이 잘 나타나 있다.

　　1884년 여름, 뭉크는 화가 프리츠 타우로브가 운영하는 '야외 아카데미Friluftsakademiet'에 참여하게 된다. 이때 타우로브는 뭉크의 재능을 알아보고 뭉크가 선진 미술을 보고 올 수 있도록 경제적으로 지원을 해준다. 덕분에 뭉크는 1885년 4월 네덜란드 안트베르펜으로 떠나 만국 박람회를 관람하고, 거기서 기차를 타고 파리로 가 3주간 머물면서 루브르 미술관과 살롱전을 관람할 수 있었다. 이는 스물한 살의 뭉크에게 첫 해외여행이었고, 당시 세계 최고 미술 중심지의 분위기를 접하고 선진 미술을 볼 수 있는 기회였다.

　　이 여행을 통해 뭉크는 많은 것을 배우고 느끼게 된다. 그리고 예술적으로도 한층 성장하게 되는데, 더욱 자유롭고 다채로운 붓질을 시도하면서 당시 노르웨이 화단의 지배적인 화풍이었던 인상주의와 사실주의에 머물지 않고 새로운 그림을 그리고자 했다. 그리고 그것을 뭉크는 '습작'이라고 불렀다.

〈아픈 아이〉의 탄생

1885년 가을, 뭉크의 가족은 올라프 뤼에 광장에서 한 블록 남쪽에 위치한 스카우 광장 1번지로 이사한다. 그해 겨울 내내 뭉크는 광장이 내려다보이는 방에서 그림 한 작품을 그리는 데 몰두했다. 하녀를 모델로 그린 이 그림은 사실 뭉크가 열세 살 때 죽은 누이 소피에의 모습에서 영감을 받아 그린 것으로 알려져 있다. 침대에 기대어 앉은 창백한 얼굴의 소녀와 옆에 앉아 있는 여인이 애절하게 소녀의 한 손을 꼭 잡고 있는 그림이다.

그림 표면에는 두껍게 덧칠된 물감 층과 긁어낸 자국, 오일에 희석된 묽은 물감이 흘러내리면서 만드는 줄무늬가 매우 혼란스럽게 뒤섞여 있다. 때문에 모티프의 디테일보다는 화면 표면을 채우는 혼란스러운 물감의 느낌이 먼저 눈에 들어온다. 이 그림은 이듬해인 1886년 가을 전람회에 〈습작〉이라는 이름으로 출품되는데, 이후 우리에게 〈아픈 아이Detsyke barn〉라고 알려지게 된 그림이다. 훗날 뭉크는 이 그림을 그린 과정에 대해 이렇게 묘사했다.

내가 아파 누워 있는 그 아이를 보았을 때 처음 느꼈던 인상이었던, 순백의 베개 위 강렬한 붉은 머리칼과 창백한 얼굴의 인상은 그림을 그릴수록 사라져버렸다. 그렇게 그려진 그림들은 괜찮은 것이긴 했지만 내가 원했던 그림과는 달랐다. 그래서 나는 이 그림을 1년 동안 수차례에 걸쳐 다시 그렸다. 물감을 긁어내고 물감이 흘러내리도록 놔두면서, 처음 느꼈던 그 인상을 찾도록 다시 또다

〈아픈 아이〉 캔버스에 유채, 119.5×118.5cm, 1885, 노르웨이 국립 미술관

두 살 터울의 누이 소피에는 뭉크가 열세 살 되던 해에 폐결핵으로 죽었고, 뭉크는 그 아픈 기억을 평생 잊지 못했다. 〈아픈 아이〉는 '사랑하는 사람의 죽음'에 대한 이미지가 투영되어 있다. 뭉크는 〈아픈 아이〉가 자신의 예술 세계의 돌파구가 되었을 뿐만 아니라, 이후 거의 모든 작품이 이 작품 덕분에 존재하게 된 것이라고 이야기하기도 했다.

시 노력했다. 나는 캔버스 위에 창백한 얼굴, 떨리는 입, 떨리는 손들을 그리고자 했다.

— 뭉크의 노트(MM N 77, 1928~1929)

　그러나 당시에 이 그림은 대중으로부터 호의적 반응을 얻지 못했다. 〈습작〉이라는 이름으로 가을 전람회에 출품된 이 그림은 평론가들, 동료 화가들에게도 공분을 샀다. 이 그림은 불명확한 형태와 윤곽, 균질하지 않은 붓질과 색감, 화면 표면을 채운 줄무늬 등 당시의 그림 기준에서는 완성작이 아니었다. 사실주의가 각광을 받던 당시 노르웨이 화단의 분위기에서 이런 방식의 그림은 유례없는 충격이었을 것이다.

　일전에 뭉크의 그림을 긍정적으로 평가했던 미술 평론가 안드레아스 아우바르트Andreas Aubert조차 이 그림을 '그리다 망친 그림'으로 치부하며 낙태된 태아에 비유하기까지 했다. 다른 평론가들도 어떻게 이런 그림이 전시회에 나올 수 있냐며 생선 건더기가 떠 있는 가재 소스 같다고 혹평하기도 했다.

　뭉크도 사실 어느 정도 논란을 예상하기는 했지만 악평이 쏟아지자 큰 충격을 받았다. 뭉크 자신이 그림에 담아내고자 한 느낌을 대중은 전혀 동감하지 못했다. 뭉크와 친분이 있던 한스 예게르도 이 그림에 대한 글을 신문에 기고했다. 예게르는 예술 작품은 작가가 자신이 받은 만큼의 감동을 대중에게 고스란히 전달할 수 있는 것이어야 한다고 말해왔었다. 그는 〈습작〉에 대해 긍정적인 평을 남기지 않았다. 작가의 경험을 바탕으로 창조되긴 했지만, 대중에게 감동을 전하지 못했다는 이유에서였다. 그는 이 글의 마지막을 뭉크에 대한 조언으로 끝맺었다. 평론가들부터 대중까지 감동할 수 있는 작품을 그리기 전까지, 즉 최고의 경지에 도달하기 전까지 이런 식의 그림을 그리지 말라고 말이다.

뭉크는 예게르의 조언을 받아들이고, 이런 실험적인 작품을 이후에는 더 이상 출품하지 않는다. 1880년대 후반기에 뭉크는 오히려 보수적인 화풍으로 되돌아온다. 3년 뒤에 그린 1889년 작 〈봄Vår〉의 경우, 〈습작〉처럼 침상에 앉아 있는 소녀 환자를 모티프로 했지만 더 이상 실험적인 붓질이나 형태, 표면감은 보이지 않는다.

뭉크 스스로도 〈습작〉이 완전히 만족스러운 것은 아니었다. 뭉크는 이 그림을 내놓기까지 족히 스무 번은 그림 위에 덧칠을 했고, 〈습작〉이라는 이름을 붙인 것도 그 때문이었다. 그럼에도 불구하고 뭉크가 이렇듯 파격적인 방법으로 이 그림을 그린 이유가 있었다. 1890년경 쓰인 뭉크의 노트에 따르면, 그가 이 그림의 표면에 특별히 강조한 줄무늬는 눈물에 젖은 속눈썹을 통해 느끼고 본 모티프를 나타낸 것이었다. 이 노트에서 그는 다른 예술가가 자신의 그림을 보고 본질이 없다고 비난한 것에 대해 이렇게 말한다.

> 내가 무슨 본질을 신경 써야 하나. 내가 보여주고자 한 것은 가늠할 수 없는 것이었다. 내가 그리고자 한 것은 그 힘없는 움직임이다. 떨리는 눈꺼풀, 속삭이는 듯한 입술. 그녀는 숨을 들이쉰다. 마치 살고 싶다고 말하듯.
>
> — 뭉크의 노트(MM T 2771, 1890~1891)

〈봄〉 캔버스에 유채, 169.5×264.2cm, 1889, 노르웨이 국립 미술관

〈습작〉이 화단과 대중으로부터 참담한 혹평을 받자, 1880년대 후반 뭉크는 오히려 보수적인 화풍으로 되돌아온다. 〈봄〉은 실험적인 작품인 〈습작〉보다 3년 뒤에 그려졌지만, 붓질이나 형태, 표면감 등에서 실험적인 요소가 잘 드러나지 않는다.

현재 노르웨이 국립 미술관이 소장하고 있는 〈아픈 아이〉의 그림 표면에는 줄무늬가 많이 보이지 않는다. 1892년에서 1893년 무렵에 찍은 사진 자료에 의하면 〈습작〉으로 출품된 당시의 그림은 지금의 그림과는 조금 다르다. 희석된 물감이 화면 표면을 따라 흘러내리듯 칠해진 붓질 자국이 지금보다 훨씬 선명하다. 화면 오른쪽 물컵의 위치도 조금 바뀌었고 채광도 수정되었다. 확실히 뭉크는 이 그림을 수정하고 덧칠했음에 틀림없다. 따라서 당시의 그림은 현재 우리가 보는 〈아픈 아이〉보다 훨씬 더 혼란스럽고 강렬한 인상을 가지고 있었음을 짐작할 수 있다. 그것은 당시의 화단으로서는 엄청난 파격이 아닐 수 없었을 것이다.

당시 유럽의 문화계에는 자연주의와 사실주의가 유행하고 있었다. 크리스티안 크로그와 한스 하이에르달Hans Heyerdahl과 같은 당대의 유명한 노르웨이 화가들은 사실주의에 입각한 그림을 그렸다. 이를테면 침대에 누워 있는 환자들을 사실적으로 그렸다. 베개에 머리를 기대고 있는 환자의 그림이 많이 그려지던 시기였고, 뭉크는 이를 빗대어 '베개 시기' 혹은 '침대 시기'라고 부르기도 했다. 특히 철저한 사실주의적 화법으로 그린 크로그의 〈아픈 소녀〉는 대중과 평론가들에게 모두 호평을 받았다.

뭉크의 〈아픈 아이〉 또한 모티프상 이 시기의 베개 그림에서 영향을 받은 것이 확실하다. 그러나 뭉크는 단지 이 모티프가 당시의 유행이기 때문에 사용한 것은 아니었다. 어머니와 누이의 죽음, 그리고 어릴 적부터 병약하여 생사를 넘나들었던 경험에서 나온 모티프였다. 그렇기에 〈아픈 아이〉에서 뭉크는 사실주의적 화법에서 표

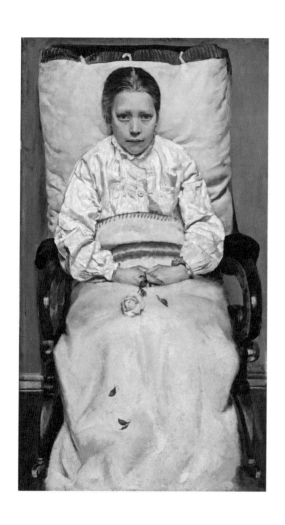

크로그, 〈아픈 소녀〉 캔버스에 유채, 102×58cm, 1881, 노르웨이 국립 미술관
사실주의 화가 크리스티안 크로그의 대표작으로 꼽히는 그림이다. 크로그는 이 그림에서 아
픈 아이의 창백하고 죽음을 두려워하는 모습을 가감 없이 그려냈다. 뭉크의 〈습작〉과 달리,
이 그림은 공개된 뒤 대중과 평론가들 모두에게 호평을 받았다.

현할 수 있는 것의 경계를 넘어설 수 있었다. 자신의 경험을 주관적으로 드러내다 보니 기술적으로 이를 보완할 새로운 방법이 필요했던 것이다. 사랑하는 이의 죽음을 그저 자연을 관찰하듯이 볼 수는 없는 법이다. 그것은 분명 강렬한 비극적 경험으로, 눈으로 보는 것이 아니라 찢어지는 가슴으로 느끼는 것이었으리라.

훗날 뭉크는 이 실험적인 그림을 혁신적인 예술이라 불렀다. 그는, 〈아픈 아이〉는 자신의 예술 세계에서 중심적인 작품을 끌어낸 씨앗이 되었을 뿐 아니라, 20세기 여러 미술 사조를 탄생시킨 문제작이었다고 말하기도 했다. 뭉크에게 〈아픈 아이〉는 〈절규〉나 〈마돈나〉보다도 더 의미가 있는 작품이었다.

평생 그린 〈아픈 아이〉

뭉크의 다른 대표작들처럼 〈아픈 아이〉 역시 여러 버전이 존재한다. 1886년 가을 전람회에 출품하여 논란을 일으켰던 〈습작〉은 크로그의 도움으로 전시회에 참여할 수 있었기에 후에 뭉크가 보답의 의미로 크로그에게 헌정했고, 현재 노르웨이 국립 미술관이 소장하고 있다.

10년 뒤인 1896년 뭉크는 노르웨이 후원자 올라프 스카우Olaf Schou의 주문을 받아 〈아픈 아이〉의 복사본을 만들게 된다. 현재 스웨덴 예테보리 미술관이 소장하고 있는 이 그림은 〈습작〉과 색감이 완전히 다르다. 〈습작〉은 채색이 두껍고, 여러 번 덧칠한 후 부분적으로 긁어내 채색 층이 벗겨진 부분이 있는 반면, 스웨덴 예테보리 미술관 소장 버전은 좀 더 녹색을 띠고, 가볍고 얇고 유동감 있는 물감을 써 색채 또한 더욱 밝고 투명하다.

세 번째와 네 번째 버전은 스웨덴의 예술품 수집가 에르네스트 티엘Ernest Thiel의 주문을 받아 1907년에 그린 것이다. 하나는 스톡홀름 티엘스카 갤러리에서 소장하고 있고, 또 다른 하나는 런던 테이트 모던 갤러리가 소장하고 있다. 이 버전은 1928년에 드레스덴 미술관에 판매되었다. 그러다 10년 뒤인 1938년 나치 정부가 퇴폐 미술로 규정하여 이 그림을 압수하고 베를린에서 경매로 판매했다. 이것을 노르웨이 미술상이었던 하랄드 할보르센Harald Halvorsen이 구입하여 오슬로로 다시 가지고 돌아오게 되었고, 1939년에 토마스 프레드리크 울센이 구입하여 테이트 모던 갤러리에 기증하게 되면서 런던으로 가게 된 것이다. 두 버전 모두 밝고 선명한 색감으로 짧게 끊어지는 붓 터치가 화면 전체에 거칠게 분포한다. 다만 스톡홀름 티엘스카 갤러리 버전은 소녀의 얼굴선이 부드럽고 유려하게 표현된 반면, 런던 테이트 모던 갤러리 버전은 소녀의 얼굴선이 직선적이고 다소 거칠게 표현되어 있다.

뭉크가 직접 소장하고 있다가 뭉크 미술관에 귀속된 그림들 중 2개의 〈아픈 아이〉 버전이 있는데, 둘 다 정확한 제작 연대는 불분명하다. 다만 뭉크의 작업실을 찍은 사진으로 미루어볼 때 하나는 1925년 혹은 그 이전으로 추정되고, 다른 하나는 1927년경 혹은 그 이전으로 추정된다.

뭉크의 다른 주요 작품들처럼 뭉크는 〈아픈 아이〉의 모티프를 여

〈아픈 아이〉 캔버스에 유채, 121.5×118.5cm, 1896, 스웨덴 예테보리 미술관

1896년 노르웨이 후원자 올라프 스카우의 주문을 받아 그린 〈아픈 아이〉의 복사본이다. 뭉크는 평생에 걸쳐 유화와 판화 등으로 〈아픈 아이〉를 제작했는데, 소피에의 죽음이 그에게 얼마나 큰 의미였는지 짐작할 수 있다.

러 버전의 판화로도 제작했다. 뭉크는 판화를 만들기 시작한 초기부터 〈아픈 아이〉의 모티프를 이용했는데, 1894년 드라이포인트 버전을 시작으로 1896년에는 〈아픈 아이〉의 머리 부분으로만 에칭을 만들기도 했다. 흑백 버전뿐만 아니라 유색 버전도 제작했는데, 머리 부분의 모티프는 다양한 색채와 방법의 석판화로도 찍어냈다. 뭉크는 〈아픈 아이〉의 판화를 만들 때 일부 작품은 판화 위에 손으로 그림을 덧그려 넣기도 했는데, 이런 작품들은 회화 못지않게 희소하고 특수한 가치가 있다.

회화만 따져봐도 뭉크는 1885년부터 화가로서 말년인 1927년까지 40년이 넘는 시간에 걸쳐 〈아픈 아이〉를 반복해서 그렸고, 여러 버전의 판화로도 제작했다. 누이 소피에의 죽음을 목격한 강렬했던 경험은 평생 잊히지 않았고, 그 잔상을 완벽히 그림으로 표현해내는 것이 바로 뭉크가 도달하고 싶었던 예술의 경지가 아니었을까.

또 한편으로 뭉크는 그렇게 반복해서 〈아픈 아이〉를 그리면서 슬프고 아팠던 어린 시절의 기억을 치유하려 한 것은 아니었을까 하는 생각도 든다. 두려움을 극복하는 방법은 그 두려움에 맞서는 것이라 했다. 누이의 죽음을 반복해서 그리고 판화로 제작하면서 어린 시절의 비극을 자연스럽게 받아들이고, 자신도 언젠가 겪게 될 죽음에 대한 두려움을 예술로 승화시키고 싶었던 것은 아닐까.

〈아픈 아이〉는 뭉크의 예술 세계에서 기념비적인 작품인 데다가 죽음의 모티프와 밀접하게 연결되어 있음에도 불구하고 그는 한 번도 〈생의 프리즈〉에 이 그림을 포함시킨 적이 없었다. 뭉크 스스로 〈생의 프리즈〉는 자신의 예술 세계의 집약판이라고 불렀는데 왜 뭉

크는 〈아픈 아이〉를 한 번도 포함시키지 않은 걸까? 뭉크가 직접 그
이유를 설명한 적은 없지만, 어쩌면 뭉크에게 〈아픈 아이〉는 평생
완성할 수 없었던 미완의 습작이었을지 모르겠다. 그리고 뭉크가
끝내 극복할 수 없었던 소년기의 아픔 자체였을지도.

남겨진 이들의 슬픔을 그림에 담은 뭉크

뭉크의 어머니 라우라는 편지 한 장을 남긴 채 폐결핵으로 세상을 떠났다. 뭉크의 아버지 크리스티안은 저녁 식사 시간마다 이 편지를 아이들에게 읽어주었다. 그들이 비뚤어질 경우 지옥에 떨어져 영원히 벌을 받을 것이라며 설교하곤 했다. 이러한 가정 환경은 뭉크의 세계관에 큰 영향을 끼쳤다. 어머니가 세상을 떠난 지 9년 후에는 누이 소피에마저 폐결핵으로 목숨을 잃고 만다. 뭉크 역시 어린 시절부터 병약하여 죽음의 그림자가 늘 따라다녔다. 뭉크는 죽음에 대한 생각을 작품에 반영했는데, 〈아픈 아이〉로 시작한 '죽음에 직면한 환자의 침상' 모티프를 이후에도 여러 작품으로 그렸다. 〈아픈 아이〉가 아이에 집중한 것에 반해 이후 그림들은 남겨진 이들의 슬픔에 더 초점을 맞추고 있다. 이와 연관된 작품도 여럿 있다. 〈죽음의 침상 곁에서Ved dødssengen〉(1893) 〈병실에서의 죽음Døden i sykeværelset〉(1895) 〈죽음과 아이Døden og barnet〉(1899)가 대표적이다. 눈앞에서 가족의 죽음을 직면한 사람들의 모습을 그린 작품들이다.

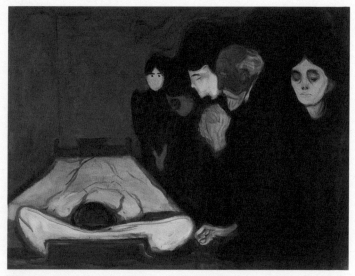

〈죽음의 침상 곁에서〉 캔버스에 유채, 90×120.5cm, 1893, 베르겐 미술관

〈병실에서의 죽음〉 캔버스에 템페라와 크레용, 152.5×169.5cm, 1895, 노르웨이 국립 미술관

〈죽음과 아이〉 캔버스에 유채, 104.5×179.5cm, 1899, 뭉크 미술관

그대는 나의 마돈나 혹은 메두사

사랑 후의 그리움 그리고 외로움

뭉크는 평생 결혼하지 않고 독신으로 지냈지만 그의 인생에서 각별했던 여인들은 있었다. 그들과의 관계 속에서 뭉크는 사랑과 여자의 다양한 면을 발견하고 경험하고 깨닫는다.

이미 우리는 앞에서 뭉크의 첫사랑 밀리에 대한 이야기를 했다. 유부녀였던 그녀와의 관계는 불륜이었고, 세상에 알려지면 안 되는 비밀이었다. 반년 남짓한 짧은 기간이었지만, 뭉크는 그녀를 통해 육체적 사랑에 눈을 떴고 여자의 신비한 유혹과 마법을 경험했다. 뭉크에게 밀리는 수년간이나 그리움에 헤매게 했던 존재이며, '사랑'이라는 그의 예술적 키워드의 중심에 있었던 여인이었다.

뭉크와 그녀의 밀회를 잘 보여주는 작품이 바로 〈키스kyss〉(1892)다. 이 그림은 불도 켜지 않은 방에서 창밖의 불빛을 피해 커튼 뒤에서 격렬하게 키스하는 젊은 남녀의 모습을 담고 있다. 이들의 격렬한 몸짓과 달리 창밖으로는 사람들이 태연히 길을 걸어가고 있고,

맞은편 건물에서는 노란 불빛이 반짝인다. 이들은 아마도 바깥세상의 눈을 피해 어둡고 으슥한 곳에서 사랑을 나누던 불행하고 위태로운 연인일 것이다.

뭉크는 밀리와 두 번 다시 만나지 않았고, 그녀를 사랑했던 시간을 후회하고 경멸했다. 그러나 한편으로는 밀리와 격렬히 사랑을 나누었던 그 시절을 잊지 못했던 것 같다. 뭉크는 이후에도 열정적으로 키스하는 남녀의 모티프를 여러 버전으로 그렸고, 다양한 판화 버전으로도 제작했다.

이별 후 밀리에 대한 뭉크의 심정이 가장 잘 표현된 그림은 〈두 사람. 외로운 이들To mennesker. De ensomme〉(1892)이 아닐까 싶다. 해변에 한 남자와 여자가 바다를 향해 서 있다. 여자는 바다를 보고 있지만, 남자는 여자를 바라보고 있다. 둘 사이에는 아무런 접촉도 없지만 남자의 시선이 둘을 연결하고 있다.

작품의 제목처럼 이 둘은 외로운 사람들이다. 뭉크는 당시 마법에 빠진 것처럼 밀리를 사랑했지만, 밀리는 뭉크와 이별하고, 남편과도 이혼하고, 또 다른 이와 만나다 헤어지기를 반복했다. 그녀는 정작 어쩌면 아무도 사랑하지 않은, 그저 외로운 영혼이었는지도 모른다. 마냥 바다만 바라보는 외로운 여자와 그녀의 뒷모습만 바라보는 외로운 남자의 모습은, 밀리를 잡지도 못하고 포기할 수도 없는 뭉크의 그녀에 대한 복잡한 감정을 담고 있으리라.

이 모티프를 가지고 뭉크는 수많은 에칭과 목판화를 제작했다. 일찍이 이 모티프를 회화로도 그렸는데, 1901년 선박 사고로 그림이 유실되었다. 그래서 1905년에 회화 버전을 다시 그리기는 하지

〈키스〉캔버스에 유채, 73×92cm, 1892, 노르웨이 국립 미술관
뭉크와 밀리의 밀회를 연상케 하는 작품이다. 바깥세상의 눈을 피해 어둡고 으슥한 곳에서 사
랑을 나누던 뭉크와 밀리의 모습이 아마도 이들과 같지 않았을까.

EDVARD MUNCH

〈두 사람, 외로운 이들〉 캔버스에 유채, 81.5×111.5cm, 1905, 개인 소장
'두 사람'은 뭉크의 초기 예술에서 가장 중요한 모티프 중 하나다. 이 모티프로 그린 1892년 작품은 1901년에 선박 사고로 유실되고, 이 그림은 1905년에 다시 제작된 것이다. 뭉크는 이 모티프를 가지고 수많은 판화 버전을 제작할 정도로 고심을 거듭했다.

만, 아무래도 이 모티프는 다양한 종류의 판화로 더 많이 알려져 있다. 1893년 코펜하겐에서 열린 전시회에서 뭉크는 이 그림을 가장 중심에 걸어달라고 요청할 정도로 이 그림은 당시 뭉크가 고심하던 〈사랑〉 연작의 핵심이었다.

밀리와의 행복했던 시간은 비록 오래가지 못하고 그 끝은 불행했지만, 그녀와의 사랑이 청년 뭉크에게 창작의 영감과 에너지를 준 가장 강력한 사건임은 확실했다. 그녀를 사랑하면서 행복했던 순간, 그리고 이별 후의 고통과 절망의 경험을 뭉크는 〈여름밤의 꿈〉 〈키스〉 〈이별〉 등 주옥같은 그림으로 그려낸다. 밀리는 뭉크에게 사랑을 알려주고 떠나버린, 잡히지 않는 영원한 뮤즈와 같은 여인이자, 뭉크의 예술을 꽃피우게 한 사람이었다.

당신은 신비로운 나의 마돈나

1892년 11월, 뭉크는 전시회 때문에 베를린으로 갔다가 그곳에서 3년 이상 머물게 된다. 베를린에 체류하면서 뭉크는 '검은 새끼 돼지Zum Schwarzen Ferkel'라 불리던 스칸디나비아 출신의 전위적인 예술가들과 어울렸다. 스타니슬라프 프시비셰프스키Stanislaw Przybyszewski를 비롯하여 문학가들이 많은 비중을 차지했던 이 모임은 직관과 감각, 섹슈얼리티에 집중했다. 이런 관심사들이 그들의 창작 활동에서 주요 키워드였다.

뭉크는 검은 새끼 돼지 그룹과 어울리면서 남자를 사랑에 빠지게 하는 여성의 매력과 섹슈얼리티에서 예술적 영감을 얻게 된다. 그리고 이것을 구체화시킨 여인이 바로 다그니 율Dagny Juel이었다.

뭉크와 먼 친척으로 이미 안면이 있었던 율은 1892년 겨울 베를린으로 피아노를 공부하러 온다. 뭉크는 그녀를 검은 새끼 돼지 그룹에 소개하는데, 그녀는 아름다운 외모와 우아한 매너, 신비로운 아우라로 곧 그룹 남자들 사이에서 흠모의 대상이 된다. 뭉크 또한 그녀에게 연정을 품고 있었다. 그녀는 남성들의 마음을 사로잡는 매력과 이른바 팜파탈의 기질을 가지고 있었다.

검은 새끼 돼지 그룹의 일원이었던 독일의 미술 평론가 율리우스 마이어-그레페Julius Meier-Graefe는 "그녀는 가장 재치 있고, 가장 관능적이며, 또한 가장 신비롭다"라고 율을 묘사했다. 그녀는 검은 새끼 돼지 그룹 모두의 뮤즈였고, 모두가 그녀의 호의를 사기 위해 싸웠다. 여러 명이 그녀의 정부였다고 주장할 정도였다. 율을 모델로 그린 그림 〈손들Hendene〉(1893)은 그녀의 이런 인기를 잘 보여준다. 서로 가지려고 뻗친 손들 사이에서 유혹하는 포즈로 당당히 서 있는 한 여인의 모습이 등장하는데, 그녀에 대한 흠모와 질투가 대단했다는 것을 보여주는 그림이다.

〈절규〉와 함께 뭉크의 대표작으로 꼽히는 〈마돈나〉(1895) 역시 흔히 율이 모델로 지목된다. 어떤 이들은 율의 동생이 모델이라고 주장하기도 하고, 율의 동생과 율이 섞인 모습이라고 하는 이들도 있는데, 하여간 율이 가지고 있던 관능적 아름다움에 영감을 받은 작품임에는 틀림없다.

서양 미술사에서 예수의 어머니, 성모 마리아를 그린 그림들은

검은 새끼 돼지 그룹의 뮤즈, 다그니 율

아름다운 외모와 팜파탈의 기질을 가졌던 다그니 율은 많은 예술가들에게 흠모의 대상이었다. 뭉크의 먼 친척으로 피아노 공부를 위해 베를린에 오게 된 그녀는 뭉크를 통해 검은 새끼 돼지 그룹의 예술가들과 교류하게 되고, 그룹의 뮤즈로서 많은 사랑을 받았다. 뭉크는 그녀에게서 여성의 신비로움과 팜파탈의 모티프에 대한 영감을 받아 〈마돈나〉〈뱀파이어〉 등의 작품을 남기기도 했다.

──────────

〈손들〉 판지에 유채, 91×77cm, 1893, 뭉크 미술관

다그니 율을 모델로 그린 것으로 추정되는 작품이다. 한 여자가 가슴을 드러내며 유혹하는
포즈로 당당히 서 있고, 그녀 주변으로 그녀를 차지하려고 뻗친 손들이 다양한 색으로 그려
져 있다. 당시 검은 새끼 돼지 그룹 내에서 다그니 율의 인기가 어느 정도였는지를 짐작할 수
있다.

많이 존재하지만, 뭉크의 〈마돈나〉는 조금 특이하다. 상반신 나체의 그녀는 정숙하고 성스럽다기보다는 황홀경에 빠진 여성의 모습이다. 뭉크는 이 그림을 '마돈나' 혹은 '황홀경에 빠진 여인'이라고 불렀다. 사실 그림의 이미지로는 '황홀경에 빠진 여인'이 더 어울리는데 왜 뭉크는 이 그림을 '마돈나'라고 불렀을까? 그가 〈마돈나〉와 관련해 남긴 글이 있다.

> 당신의 얼굴 위로 달빛이 흘러내린다.
> 거기에는 지상의 아름다움과 고통이 가득 차 있다.
> 지금 이 순간 죽음과 생이 손을 맞잡는다.
> 수천의 죽은 선조들과, 수천의 태어날 후손들 사이를 연결하는 사슬이 생긴다.
> — 뭉크의 노트(MM T 2907, 연대 미상)

여자의 얼굴에 지상의 아름다움과 고통이 가득 차 있는 순간, 죽음과 생이 손을 맞잡는다. 즉, 여자가 황홀경을 느끼는 순간은 정자와 난자가 만나는 수정의 순간이고, 바로 생生이 창조되는 순간이라는 뜻이다. 이 '황홀경에 빠진 여자'는 인류 종족을 유지하는 경이로운 과업을 수행하고 있는 것이다. 그녀는 언젠간 죽을 존재이며 죽음을 향해 가고 있지만, 그녀의 몸속에서는 생명이 자라고 있다. 그렇게 그녀는 생과 사의 연결고리를 창조하고 있고, 앞으로 태어날 인류를 잉태하는 성스러운 존재이다. 여자의 머리 뒤에 있는 후광도 그녀가 성인의 존재라는 것을 나타낸다. 그러나 이 후광은 일반적으로 종교적 성인을 표현하는 금색 후광이 아니라 붉은색이다. 그녀는 열정과 고통을 느끼는 지상의 성인, 인간적인 성인이다.

이것은 무신론자였던 니체를 탐독하고 신과 종교에 회의적이었던 검은 새끼 돼지 그룹의 생각들과도 이어진다. 그들에게 마돈나는 더 이상 예수의 어머니 성모 마리아가 아니라 바로 옆에서 살아 숨 쉬면서 황홀한 아름다움과 신비로운 마력으로 남자를 매료시키는 여자였다.

미술사가 에굼Eggum은 〈마돈나〉가 2개의 상이한 버전이 존재했으리라고 추정한다. 하나는 지금 우리가 알고 있는 〈마돈나〉이고, 다른 하나는 유실된 것으로 여겨지는데, 이 버전은 1894년의 에칭 판화와 1895년 잡지에 뭉크 전시회를 알리는 삽화가 실려 있어 어떤 모습이었는지 추측할 수 있다.

여기서 등장하는 〈마돈나〉는 상반신이 아니라 가슴까지 그려졌고, 반쯤 뜬 눈과 입이 관능성을 강조하고 있다. 그리고 그림 가장자리는 정자와 태아가 그려진 프레임으로 장식되어 있다. 이는 황홀경에 빠진 여인이 수정과 임신의 순간에 있다는 것을 보여주는 것이다. 앞서 인용한 뭉크가 남긴 글과 그림의 연관성을 확인시켜주는 부분이다. 태아나 정자 프레임으로 장식된 〈마돈나〉 유화 버전은 존재하지 않는다. 하지만 판화 버전에는 이 장식이 자주 등장하고 있어 뭉크가 황홀경을 느끼는 순간과 생명 잉태의 순간의 접점을 그리고 있었다는 것을 추정해볼 수 있다.

현존하는 회화 〈마돈나〉는 5점으로 뭉크 미술관과 노르웨이 국립 미술관, 함부르크 미술관에 하나씩 존재하고, 2점은 개인이 소장

잡지 《뷔리한스Tyrihans》 42호에 실린 뭉크의 전시회 삽화

1895년 10월, 크리스티아니아의 블롬크비스트 갤러리에서 열린 뭉크 전시회를 구현한 삽화이다. 이 삽화를 통해 유실된 〈마돈나〉의 다른 버전 모습을 알 수 있다.

1. 〈**마돈나**〉 캔버스에 유채, 90.5×70.5cm, 1894~1895, 노르웨이 국립 미술관

2. 〈**마돈나**〉 채색 석판화, 60.4×44.3cm, 1895, 뭉크 미술관

뭉크는 〈마돈나〉를 그릴 때 성모 마리아의 성스러운 모습이 아닌, 관능적인 모습에 초점을 맞추어 여러 버전의 〈마돈나〉를 그렸다. 작품에서 황홀경에 빠진 여성은 언젠가 죽을 존재이며 죽음을 향해 가고 있지만, 한편으로 그녀의 몸속에서는 생명이 자라고 있다. 이는 그녀가 생과 사의 연결고리를 창조하고 있음을 보여주는 것이다. 〈마돈나〉 유화 버전과 석판화 버전의 가장 큰 차이점은 석판화엔 정자와 태아가 그려진 프레임이 장식되어 있다는 점이다.

하고 있다. 그리고 프레임과 태아의 유무, 채색 유무, 프린트 후 채색, 상이한 비율본 등 다수의 판화 버전이 존재한다.

한편 율은 검은 새끼 돼지 그룹의 여러 남자들에게 구애를 받지만, 결국 1893년 8월에 프시비셰프스키와 결혼한다. 그러나 이들의 결혼은 외도와 치정 문제로 순탄치 않았다. 그녀는 음악가이기도 했고, 예술적 재능이 다분해서 글도 쓰고 무대에 오르기도 했다. 비범한 예술적 감각과 매력을 가지고 있던 그녀는 그녀의 팬이었던 젊은 남자에게 총을 맞고 서른세 살의 나이로 짧은 생을 마감했다.

사랑할 수도 헤어질 수도 없는

평생 결혼하지 않은 뭉크였지만 딱 한 번 약혼을 한 적이 있었다. 바로 툴라 라르센Tulla Larsen과 말이다. 그녀의 원래 이름은 마틸데 Mathilde였지만 예명인 툴라로 더 알려져 있다. 크리스티아니아의 최대 와인 수입상의 딸이었던 그녀는 경제적으로 부족함을 모르고 살았다. 또한 사교적인 성격이어서 여러 사람에게 인기가 많았다.

뭉크는 1898년 가을에 툴라를 처음 만났는데, 당시 뭉크는 서른네 살이었고 툴라는 네 살 연상이었다. 그들은 1898년 겨울부터 사귀기 시작했다. 처음에는 뭉크가 더 빠져 있었다. 뭉크가 툴라에게 보낸 편지들을 보면, 툴라에게 만나달라고 부탁할 정도였다. 그러나 머지않아 뭉크는 그녀를 조금씩 부담스럽게 느끼게 된다. 순식간에 뭉크에게 완전히 빠져버린 그녀는 뭉크의 이상형에 자신을 끼워 맞추려 노력하고 수동적인 관계를 자처했다. 뭉크는 그녀와의 부조화를 감지했지만 1899년 봄에 그녀와 함께 베를린, 이탈리아, 파리 등을 여행한다. 당시 사회적 분위기에서 결혼도 하지 않은 남녀가 함께 여행을 간다는 것은 호사가들 입에 오르내릴 만한 소식이었다.

그들은 이탈리아 여행 중 둘 다 아프게 되었는데, 뭉크는 툴라를 먼저 파리로 보내고 자신은 병이 나으면 뒤따라가겠다며 이탈리아에 좀 더 머무른다. 툴라는 파리에서 뭉크를 하염없이 기다렸지만, 뭉크는 홀로 이탈리아를 여행하다가 툴라가 파리를 떠나자 그제야 파리로 간다.

뭉크는 이미 둘이 서로 맞지 않는다는 것을 깨달았지만 그녀와의 관계를 청산하지는 못했다. 툴라가 자유로운 신여성이기는 했지만 그녀는 여전히 부유한 상류층 출신의 미혼 여성이었다. 그런데다가 결혼도 하지 않은 상태로 함께 여행을 떠났고 둘이 연인 관계라는 것을 주변 지인들이 다 아는 상황에서 헤어지게 되면 둘 다 좋지 않은 평판을 얻을 수밖에 없었기 때문이다.

둘은 결국 따로따로 노르웨이로 귀국하고, 뭉크는 오스고쉬트란드에서 여름을 보낸다. 뭉크는 툴라에게 몸이 좋지 않아 건강을 돌봐야 하고 그림에 집중해야 하니 자기가 연락할 때까지 찾아오지 말라고 통보한다. 그러나 둘은 편지와 전보 등으로 계속해서 연락을 주고받았다. 이때 뭉크가 툴라에게 보낸 편지들을 보면, 자신은 금욕과 영적인 생활을 원한다고 하기도 했고, 그녀를 사랑하고 그녀 생각을 많이 하지만 그럴수록 그림을 그릴 수 없다고 말하기도

뭉크와 그의 약혼자 툴라

크리스티아니아 사교계에서 활발히 활동하던 툴라 라르센은 1898년 가을, 뭉크와 처음 만나
게 된다. 당시 30대 후반이었던 툴라는 뭉크보다 네 살 연상이었고, 이들은 급속도로 사랑에
빠진다. 그러나 뭉크가 툴라의 헌신적이고 집착적인 사랑에 부담을 느끼면서 두 사람의 사이
는 점차 삐걱거리게 된다.

했다. 혹은 어떤 약을 먹고 있는지 설명하거나, 평화로운 분위기에서 집중하여 그림을 그릴 수 있었으면 한다는 이야기도 있다.

어쨌든 뭉크는 툴라와의 관계를 끝내지도, 그렇다고 그녀를 만나지도 않았다. 툴라는 연락을 기다리다 지쳐 결국 오스고쉬트란드로 뭉크를 찾아오고, 뭉크는 툴라에게 배려가 없다며 비난한다. 결국 둘 사이는 걷잡을 수 없이 나빠져버린다. 그래도 툴라는 오스고쉬트란드를 떠나기 전에 뭉크에게 잠시만 만나달라고 간청하지만 뭉크는 친구와 산행을 떠나버린다.

사실만 본다면 뭉크가 아주 무례한 남자로 보이기도 하지만 뭉크가 툴라를 싫어해서 그녀를 피했던 것은 아닌 것 같다. 이 시기에 뭉크는 〈생의 프리즈〉 연작에 집중하고 있었고, 툴라뿐 아니라 누구에게도 신경 쓰고 싶어 하지 않아 했다. 뭉크는 주변 지인의 저녁 초대에도 참석하지 않고, 근처에서 여름휴가를 보내고 있던 카렌 이모와 동생들도 만나지 않았다. 뭉크에게는 혼자만의 시간과 공간이 필요했던 것이다. 이 무렵 뭉크가 툴라에게 보낸 편지를 보면, "나는 내 자유와 고독으로 돌아가야만 한다"라며 그림에 집중하기 위해 혼자만의 시간이 필요하다고 계속해서 강조한다. 그러나 뭉크를 향한 툴라의 마음이 점점 커져갈수록 그녀의 마음속 불안도 점점 커져갔다.

뭉크 최악의 스캔들

1899년 가을, 뭉크는 크리스티아니아에서 툴라를 잠깐 만나 그녀에게 베를린으로 가서 판화를 배우라고 조언한다. 그리고 결혼을 제안한다. 그러나 뭉크가 원한 결혼은 형식적인 것으로, 툴라에게 가정이라는 공간과 자신의 아내라는 타이틀을 주되, 뭉크 자신의 자유를 존중받고 싶어 했다. 어쨌든 둘은 약혼을 하게 된다. 그러나 약혼 후에도 뭉크의 태도는 달라지지 않았다. 그는 전시회 준비 때문에 독일에 있으면서도 툴라에게는 연락조차 하지 않는 등 무심한 태도로 일관했다.

1901년 여름, 뭉크는 오스고쉬트란드에서 〈생의 프리즈〉를 완성하기 위한 막바지 작업 중에 있었고, 툴라는 오슬로 피오르의 반대편에서 뭉크를 그리워하고 있었다. 툴라는 편지로 결혼은 언제 할 거냐며 뭉크를 재촉했다. 그러나 뭉크에게 약혼은 툴라를 진정시키기 위한 임시방편 같은 것이었기에 뭉크는 뾰족한 답을 할 수가 없었다. 그녀는 심지어 뭉크에게 충격을 주기 위해 수녀원에 들어갈 생각도 하고 있었다.

1년간 뭉크의 연락을 기다린 툴라는 더 이상 참을 수 없었다. 1902년 여름, 툴라는 자살하겠다며 뭉크를 협박하기 시작했다. 그리고 1902년 8월 23일, 툴라의 친구가 뭉크에게 전보를 보내 툴라가 지난밤에 과량의 모르핀을 복용하고 자살을 시도했다는 소식을 전했다. 자살 소동은 효과적이었다. 뭉크는 한걸음에 툴라에게 달려와서 앞으로는 같이 지내도록 노력하겠다며 그녀를 달랬다. 뭉크는 그때 전시회와 관련해 베를린에 잠시 다녀와야 할 일이 있었는데, 독일에서 돌아오자마자 뭉크는 툴라를 데리러 갔고, 둘은 함께 오스고쉬트란드로 돌아왔다. 그런데 집으로 돌아온 다음 날, 일이 터지고 말았다.

집에는 식사 거리가 딱히 없었고 뭉크는 수중에 돈도 없어서 툴라에게 식료품을 살 돈을 받아야 했다. 구겨진 자존심 때문에 기분이 좋지 않은 뭉크에게 툴라는 대뜸 오다 크로그의 외도에 대해 이야기하기 시작했다. 크리스티안 크로그의 아내인 오다 크로그는 크리스티아니아 보헤미안의 핵심 멤버로서 자유연애를 몸소 실천하던 여인으로 유명했다. 그녀는 뭉크의 절친한 친구 야페 닐센Jappe Nilsen, 뭉크가 반감을 가지고 있던 저널리스트 군나르 하이베르그Gunnar Heiberg와 차례로 불륜에 빠졌다. 급기야 하이베르그와는 파리에서 살림까지 차렸다. 하지만 그 무렵 오다 크로그와 하이베르그는 관계가 소원해졌고, 오다 크로그는 남편이자 뭉크와 가까웠던 크리스티안 크로그에게 다시 돌아가려고 하고 있었다.

툴라의 이 이야기는 뭉크의 신경을 더욱 거슬리게 했고, 결국 뭉크는 툴라에게 화를 내고 만다. 그는 밖으로 나가 툴라에게서 받은 돈으로 코냑을 사서 반 병을 마신 채로 돌아왔다. 술에 취한 뭉크는 식탁에 앉아 남은 술을 마시기 시작했다. 그때 뭉크는 취하고 흥분해서 제정신이 아니었다. 그 순간 한 발의 총성이 울렸고, 뭉크의 왼손 중지에 총알이 박혔다. 대체 누가 총을 쏜 것일까? 사실 자세한 상황은 뭉크와 툴라만이 알 것이다. 뭉크는 너무 취한 데다 흥분된 상태였기 때문에 당시 상황을 정확하게 기억하지는 못했지만, 후에 뭉크가 쓴 글을 보면 자신이 방아쇠를 당긴 것 같다고 써놓았다.

그는 자신을 사랑하고 있는 그녀가 그 사랑을 포기하도록 모든 방법을 다 써봤다. 그는 그녀에게 그가 사랑에 빠질 수 없는 이유를 설명했다. 그와 그의 가족들에게 내려진 저주, 즉 신체적 그리고 정신적으로 갖고 태어난 병 말이다. 그래서 그는 결혼해서 가족을 만들지 말아야 한다는 신성한 의무감을 느꼈다.

그는 모든 방법을 써보았다. 그녀를 잔인하게 대해보기도 하고, 술을 마셔보기도 했다. 그러나 도움이 되지 않았다. 결국 그는 정신이 없는 상태에서 방아쇠를 당기고 말았다. 그리고 그것이 그의 손을 망쳐버렸다. 그를 불구로 만들어버렸다.

그 상처는 언제나 그때의 기억을 떠올리게 했고, 결국 그를 미치게 했다.

— 뭉크의 노트(MM T 2734, 1909~1911)

뭉크와 툴라에게서 직접 이야기를 들었다는 여러 사람들의 증언을 종합해보면, 뭉크의 실수로 방아쇠가 당겨진 권총 오발 사고였다. 물론 툴라를 겨냥해서 총을 쏜 것도 아니었다. 뭉크가 실수해 발생한 해프닝이었다. 사고 직후 툴라는 근처의 의사에게 연락을 취한 후 그 길로 바로 오스고쉬트란드를 떠난다. 뭉크는 이 사고 이후 그녀를 영영 만나지 못했다.

툴라가 크리스티아니아 상류층에서 잘 알려진 인물이었던 탓에 그들의 드라마틱한 이별은 입소문을 타고 빠르게 퍼져나갔다. 사고

뭉크의 왼손 엑스레이

술에 취한 채 툴라와 싸우던 뭉크는 실수로 발사된 총탄에 왼손 가운뎃손가락이 맞는 부상을 입게 된다. 1902년 국립 병원에서 촬영한 엑스레이 사진에도 뭉크의 왼손 가운뎃손가락에 박힌 총알 자국이 선명하게 남아 있다.

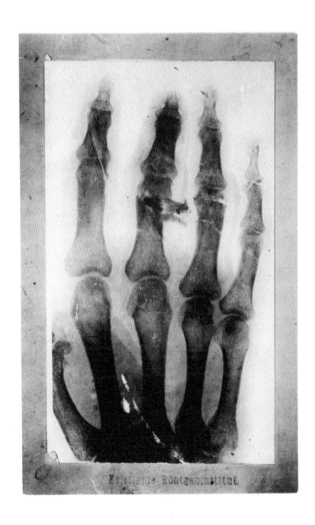

가 일어난 지 3주 후 툴라는 아홉 살 연하의 예술가 아르네 카블리Arne Kavli와 파리로 떠난다. 그리고 1903년 10월 두 사람은 결혼한다. 결국 툴라가 그토록 원하던 결혼을 카블리와 하게 된 것이다. 하지만 이 결혼은 오래가지 못했다. 7년 후 툴라는 카블리와 이혼하고, 같은 해 여섯 살 연하의 사업가 한스 블레르Hans Blehr와 재혼한다. 그러나 이 결혼 또한 10년 후 끝나고 만다.

뭉크는 이때 입은 총상 때문에 수년 동안 힘들어했다. 비록 다친 것은 왼손이었지만 뭉크는 이 상처 때문에 영원히 그림을 그리지 못할 수도 있다는 불안감에 휩싸이게 된다. 더불어 툴라가 그렇게 떠나버린 것에 충격을 받았다. 자살 소동을 벌일 정도로 자신을 끔찍이 사랑했는데, 너무도 쉽게 자신을 떠나버렸다는 사실을 받아들이지 못했다. 오발 사고를 낸 건 뭉크 자신이었지만 의도치 않게 극단적인 이별을 하게 된 뭉크는 이 일로 인해 점점 히스테릭하게 변해간다.

뭉크는 툴라와 관련된 인물들, 그동안 툴라의 편에 서서 왜 툴라를 자주 만나지 않느냐고 충고했던 인물들, 결혼을 하라고 참견했던 지인들을 모두 자신의 적이라고 생각하게 된다. 일종의 피해의식으로 인한 대인 기피증이었다. 결국 뭉크는 크리스티아니아를 '적들의 도시'라고 부르며 툴라와 관련된 모든 이들, 심지어 크리스티아니아 보헤미안 시절부터 알고 지낸 지인들과도 연락을 끊어버린다. 그리고 이때부터 노르웨이를 떠나 독일의 여러 도시를 돌면서 해외 생활을 이어나가고, 알코올 중독과 신경 쇠약으로 코펜하겐에서 정신과 치료를 받으며 입원을 하기도 한다. 툴라와의 이별 후 뭉크의 삶은 피폐해졌고, 외로워졌고, 그는 더욱 고독해졌다.

그림 속의 툴라

뭉크의 그림 속에 등장하는 툴라의 모습은 툴라에 대한 뭉크의 심정이 철저히 투영되어 있다. 툴라와 한창 교제 중일 때 그린 〈인생의 춤Livets dans〉(1899~1900)에 툴라의 모습이 등장한다. 이 그림 역시 뭉크의 대표작 중 하나로, 이차원적 색면과 경계가 선명한 윤곽선을 사용하여 형식은 단조롭지만, 리드미컬한 곡선과 선명하고 화려한 색상을 사용하여 생동감 있는 표현을 하고 있는 것이 특징인 그림이다. 인물들이 화면에 부조처럼 배치되어 있는 특징 때문에 미술사가 프랑크 회이푀트Frank Høifødt는 목판화의 영향을 지적하기도 했다. 판화와 회화 사이에서 형태와 구조를 실험하는 뭉크의 창의력이 돋보이는 작품이라 할 수 있다.

그림 전경의 세 여인이 가장 먼저 시선을 끈다. 왼쪽에는 흰옷을 입은 여인이 있고, 중앙에는 붉은 옷을 입고 춤을 추는 여인이, 그리고 오른쪽에는 검은 옷을 입고 있는 여인이 보인다. 얼핏 보아도 흰옷을 입은 여인과 검은 옷을 입은 여인은 같은 사람임을 알 수 있는데, 툴라의 얼굴과 닮아 있다.

이 그림에서 춤은 사랑을 상징한다. 그리고 나이에 따라 사랑에 임하는 여자들의 태도를 보여준다. 왼쪽의 흰옷을 입은 젊고 생기 넘치는 여인은 자신도 춤을 추고 싶은 듯 대열에 들어오려고 하고,

〈인생의 춤〉 캔버스에 유채, 25×191cm, 1899~1900, 노르웨이 국립 미술관

뭉크가 툴라와 사귀고 있던 시기에 그려진 〈인생의 춤〉은 삶과 사랑과 죽음을 주제로 하는
〈생의 프리즈〉 연작 중 하나이다. 뭉크는 〈인생의 춤〉을 그리면서 여인의 인생을 대변하는 인
물에 툴라의 얼굴을 넣어 그렸는데, 당시 뭉크가 툴라를 각별히 생각했음을 짐작할 수 있다.
툴라는 뭉크에게 씻을 수 없는 상처를 주기도 했지만 동시에 창작 활동에 영감을 주었다는 사
실도 부정할 수 없다.

중앙의 춤을 추는 여자는 눈을 감고 춤에 심취해 있다. 마지막으로 핼쑥하고 슬퍼 보이는 오른쪽의 검은 옷을 입은 여인은 두 손을 모으고 방어적인 자세를 취하고 있다.

뭉크가 툴라와 교제한 기간은 약 4년 정도이다. 때문에 이 그림이 툴라의 젊은 시절과 중년 시절을 대입한 것은 아닐 것이다. 뭉크는 일반적인 여자의 일생을 그리면서 툴라의 얼굴을 빌려 쓴 것으로 보인다. 자신의 주력작의 여자를 대변하는 얼굴로 툴라의 얼굴을 그릴 만큼 뭉크는 그녀를 특별히 생각하고 있었다.

이별 후 그녀는 더 이상 긍정적인 이미지로 뭉크의 작품에 등장하지 않는다. 예를 들어 1907년 작 〈마라의 죽음 II Marats Død II〉에서는 화면 중앙에 나체로 서 있는 툴라의 모습이 보인다. '마라의 죽음'은 자크 루이 다비드Jacques Louis David를 비롯하여 여러 화가들이 즐겨 그린 주제이다. 프랑스 혁명 당시 혁명 정부 내 급진파의 지도자였던 장 폴 마라가 온건파 지지자였던 샤를로트 코르데이에게 욕실에서 살해당한 장면이 그 모티프이다.

마라는 심각한 피부병 때문에 욕조에 몸을 담근 채 업무를 보고 있었다. 코르데이가 마라를 만나기를 청했고, 아무런 의심 없이 그녀를 집 안으로 들였다가 그녀가 칼로 마라를 살해했다는 것이 역사적 사실이다. 그러나 마라가 욕조에서 나체로 죽임을 당하고 코르데이가 젊고 아름다운 여자였다는 사실 때문에 그녀는 홀로페르네스를 죽인 유디트나 세례자 요한의 목을 자르도록 한 살로메와 같이 남자를 유혹해서 죽음으로 이끈 팜파탈의 계보로 서양 미술사에서 다루어지기도 한다.

〈마라의 죽음 II〉에서 남자와 여자는 모두 나체로 등장하고 남자는 침대에 누운 채 죽어 있다. 이 그림은 팜파탈의 관능성과 잔인성에 초점이 맞추어져 있다. 당연히 여성은 툴라의 얼굴을 하고 있다. 툴라와의 이별 후 정신적·육체적으로 매우 피폐해진 뭉크는 툴라가 자신을 정신적으로 살해했다고 느끼기 시작했다. 뭉크는 침대에서 죽임을 당한 자신과 무덤덤하게 침대에서 돌아서 있는 툴라의 모습을 상상하여 거친 붓질로 그려냈다.

툴라를 팜파탈로 묘사한 예는 뭉크의 캐리커처에서도 찾아볼 수 있다. 세례자 요한의 머리를 들고 있는 살로메의 얼굴에 툴라를 대입한 것이다. 살로메는 화려한 모자를 쓰고 흐뭇하게 웃으며 남자의 머리를 만족스럽게 들고 있는데, 뭉크는 자신과 이별하자마자 아홉 살 연하의 동료 예술가와 결혼까지 해버린 툴라에 대한 원망과 배신감에서 툴라를 살로메로 희화화한 것은 아닐까. 이별 후 수년이 흘렀는데도 툴라에 대한 미련이 남았던 것인지, 석판화 〈망령 Gjenferd〉(1908)에서 뭉크는 툴라의 초상과 함께 괴로워하는 자신의 얼굴도 등장시킨다. 죽어서도 떠나지 못하고 머무는 유령처럼, 이별 후에도 뭉크의 마음속에 툴라에 대한 원망은 계속 남아 있었던 것일까.

스물한 살 젊은 뭉크에게 첫사랑 밀리는 '사랑'이라는, 그가 추구하고 탐구해야 할 예술의 구심점을 만들어주었다. 검은 새끼 돼지 그룹에서 만난 율은 30대에 들어선 뭉크에게 여자의 '관능성과 마력'의 세계를 열어주었다. 그리고 30대 중후반에 만난 툴라는 뭉

〈마라의 죽음 II〉 캔버스에 유채, 152×149cm, 1907, 뭉크 미술관

뭉크는 툴라와의 이별 후 정신적으로 피폐해진 자신의 모습을 프랑스 혁명 당시 코르데이에게 살해당한 마라에 빗대어 그림으로 그렸다. 툴라의 얼굴을 하고 있는 여자에게 살해당한 듯 뭉크는 피를 낭자하게 흘리며 침대에 누워 있고, 서 있는 여자의 표정에서는 그 어떤 죄책감도 보이지 않는다. 자신이 툴라에게 정신적으로 살해당했다는 피해망상에 사로잡혀 있었던 당시 뭉크의 심경이 그대로 반영되어 있는 작품이다.

1

2

크에게 '인생'의 다양한 스펙트럼을 예술에 담도록 자극한 여인이었다. 이들은 모두 예술가 뭉크에게는 다양한 자극을 주었던 반면, 한 인간으로서의 뭉크에게는 외로움과 상실감에 빠지게 했다. 밀리를 쫓아 크리스티아니아를 헤매던 청년 뭉크와 툴라와 관련된 모든 지인들에게서 멀어지고 싶어 크리스티아니아를 등진 중년의 뭉크. 뭉크의 인생은 이들과의 사랑과 이별을 통해 더욱 침잠하고 고독해졌다.

---

1. 〈살로메 II〉에칭, 13.2×9.3cm, 1905, 뭉크 미술관
2. 〈망령〉석판화, 24.42×22.49cm, 1908, 뭉크 미술관
뭉크는 성적인 매력으로 남성을 유혹한 뒤 결국에는 그를 파멸로 이끄는 팜파탈을 상징하는 여성들의 이미지에 툴라의 얼굴을 그려넣었다. 이 그림들은 뭉크의 잠재의식 속에 자리하고 있던 툴라에 대한 원망이 그대로 표출된 것이라고 할 수 있다.

폭행 스캔들과 약혼녀의 자살 시도, 급기야 권총 오발 사고

1902년 9월 초, 뭉크는 술과 화에 취해 실수로 권총을 발사하는 바람에 손가락을 다치고 툴라와 드라마틱한 이별을 하게 된다. 이 사건은 뭉크의 일대기에서 가장 많이 알려진 사건 중 하나이다. 하지만 바로 그 일이 있기 전 1902년 8월, 서양 미술사에는 잘 알려지지 않았지만 뭉크에겐 또 다른 사건이 있었다.

베를린 분리파 전시회 후 1902년 6월, 뭉크는 오스고쉬트란드로 돌아온다. 수년간 심혈을 기울였던 대작 〈생의 프리즈〉가 독일에서 좋은 반응을 얻으면서 독일 후원자들의 안정적인 지원을 보장받게 된 뭉크는 그동안의 고생과 노력을 보상받듯이 어느 때보다 달콤한 휴식을 누리고 있었다. 오스고쉬트란드 지역 주민들과도 점차 가까워지고 평화로운 생활에 익숙해져가던 뭉크는 이전 크리스티아니아 보헤미안 친구들과 점점 거리

'딕텐과의 싸움' 기사에 실린 삽화

를 두기 시작했다. 그러나 뭉크가 좋든 싫든 그는 급진적인 보헤미안으로 보이는 경향이 있었고, 보수적이고 연배 많은 세대들 중에는 뭉크가 사는 방식을 달갑지 않게 보는 이들도 있었다.

오스고쉬트란드의 수많은 여름 방문자 중에는 진보적인 젊은이들도 있었지만, 보수적인 기성세대들도 있었다. 이들 중에 요하네스 본 딕텐Johannes von Ditten이라는 화가도 있었는데, 마을 반대편의 크고 화려한 대저택에서 살고 있던 그는 젊은이들에게 시비를 일삼고 화를 잘 내는 사람이었다. 오스고쉬트란드에서 여름휴가를 보내는 젊은 사람들에게 딕텐은 참견 많은 잔소리쟁이 늙은이였다. 뭉크와 딕텐은 이미 크리스티아니아의 예술가 모임에서 언쟁을 한 적이 있었고, 서로를 탐탁지 않게 여기고 있었다.

그런데 어느 날 딕텐은 뭉크가 돈을 훔쳤다는 거짓말을 퍼뜨린다. 이 소문을 들은 뭉크는 크게 분노했고, 그 길로 딕텐을 찾아가 헛소문을 퍼뜨린다며 그의 얼굴에 주먹을 휘둘렀다. 뭉크에게 얻어맞은 딕텐은 고소하겠다고 으름장을 놓았지만, 실제로 그런 일은 일어나지 않았다. 딕텐에게 불만이 쌓여 있던 마을의 젊은이들은 뭉크의 행동에 통쾌해했고, 그들은 뭉크를 영웅으로 떠받들었다. 그리고 이 사건은 재빠르게 퍼져나갔고, '딕텐과의 싸움Ditten-slaget'이라고 불리며 당시 지역 신문에 기사화되기도 했다. 신문 기사를 본 카렌 이모가 걱정의 편지를 보내자 뭉크는 기세등등한 답장을 보냈다.

딕텐은 몇 차례 뺨을 얻어맞았는데, 그는 고소할 엄두도 못 내요. 그냥 그 일만 본다면 안 웃을 수 없는 코미디였지요. 모두 딕텐이 벌을 받아서 기뻐했어요.
— 카렌 이모에게 보낸 편지(MM N 850, 1902. 8. 17)

1902년 여름, 뭉크는 딕텐과의 신경전부터 주먹다짐, 그리고 주변의 환호까지 심리적으로 격앙되어 있었을 것이다. 그리고 이 사건이 일어난 며칠 후, 그의 약혼녀 툴라가 자살 시도를 했다는 전보를 받게 된다. 한꺼번에 드라마틱한 일들이 계속해서 쉴 틈 없이 벌어진 상황이라 뭉크는 어쩌면 툴라와의 마찰에서 쉽게 자제력을 잃어버렸던 것이 아닐까. 이 사건과 툴라 스캔들은 별개의 사건이지만, 예민하고 신경 불안이 있던 뭉크였기에 짧은 시차를 두고 일어난 이 두 사건을 전혀 따로 볼 수는 없을 듯하다.

05

EDVARD MUNCH

백야의 여름 해변에서

오스고쉬트란드의 여름 풍경

여름은 노르웨이인들에게 휴식의 계절이다. 긴긴 겨울 끝에 순식간에 봄이 오고, 짧고 강렬한 여름이 지나면 잦은 비와 우중충한 날씨의 가을이 잠깐 머물다 다시 겨울이 온다. 춥고 어두운 긴 겨울을 이겨내려면 짧은 여름의 태양을 온전히 즐겨야 한다. 그래서 노르웨이인들은 여름이 되면 산이나 바다로 떠나 긴 휴가를 즐긴다.

특히 전기나 상하수도와 같은 시설이 없고 자연 속에 고립되어 있는 별장으로 가는 사람들도 많다. 익숙했던 문명의 편리함에서 벗어나 물을 길어 오고 장작불을 피우는 등 자연과 한층 가까운 일상을 보내며 휴가를 즐기는 것이다. 수주일에 이르는 여름휴가 동안 문명과 단절된 생활을 하면서 등산이나 스키, 수영 같은 야외 활동을 즐기거나 책을 읽고 간단한 소일을 하며 시간을 보낸다. 이렇게 자연 속에서 고립된 상태를 노르웨이인들은 매우 편안하고 행복하게 생각한다.

넓은 땅에 비해 인구가 적고 산악 지대가 많으며 춥고 눈 내리는 겨울이 길어 사람들 간의 이동과 교류가 적었던 탓인지, 전통적으로 노르웨이인들은 혼자 보내는 시간이 익숙하고, 또 그것을 중요하게 생각한다. 혼자라는 것에 대해 외롭고 심심하다는 등 부정적인 느낌보다는 평화롭고 행복하다고 생각하는 경향이 있다.

이와 같이 고립과 고독을 즐기는 노르웨이인들의 특성은 뭉크의 그림에서도 자연 풍경을 바라보며 홀로 사색과 고독을 즐기는 인물의 형태로 자주 찾아볼 수 있다. 뭉크 자신 역시 작은 시골 바닷가에 여름 별장을 두고 평화롭게 은둔의 생활을 즐겼으며, 그곳의 자연 풍경에서 예술적 영감을 풍부하게 받았다. 자연 속에서의 고독은 뭉크의 창작 활동에 꼭 필요한 것이었다.

뭉크에게 예술적 영감을 준 곳이 바로 오스고쉬트란드였다. "오스고쉬트란드를 걷는 것은 내 그림들 사이로 걷는 것과 같다. 오스고쉬트란드에 있을 때 나는 그렇게 그림이 그리고 싶다"라고 말했을 만큼 뭉크는 이곳의 풍경을 사랑했다.

특히 뭉크는 신비한 분위기를 자아내는 오스고쉬트란드의 여름 밤 풍경을 사랑했다. 위도가 높은 노르웨이는 밤늦도록 해가 지지 않는 백야 현상 때문에 매년 여름밤이면 칠흑 같은 어둠도, 그렇다고 밝은 것도 아닌 신비로운 풍경이 연출된다. 오슬로를 포함한 노르웨이 남부 지방은 완전한 백야가 나타나는 것은 아니어서, 자정 무렵부터 서너 시간 정도는 어둑한 밤이 존재한다. 그러나 깊은 어둠은 잠깐일 뿐이고, 어스름한 밤이 계속 지속되다가 점점 밝아진다. 맑은 날에는 태양이 지평선이나 수평선을 넘어가고 나서도 밝

깊은 고산 지대에 외따로 서 있는 산장

노르웨이의 산악 지대에서는 문명의 혜택을 거부한 채 오롯이 서 있는 산장들을 쉽게 찾아볼
수 있다. 노르웨이인들은 여유가 될 때마다 산장을 찾아 일상의 소란과 피로에서 벗어나 고요
와 평화를 통해 에너지를 얻는다.

은 빛이 남는데, 그 반사광 덕분에 세상은 묘한 분위기로 물든다. 마치 야외에서 거대한 간접 조명 아래에 있는 기분이다. 이런 풍광 때문인지 한여름 밤에 숲속을 걸으면 북유럽 전래동화에 등장하는 트롤과 요정들을 만나도 이상할 게 없을 것 같은 비현실적인 분위기가 연출되기도 한다.

1890년대 초반, 뭉크는 이처럼 신비로운 느낌의 여름밤 바다 풍경을 집중적으로 그렸다. 물결치며 굽은 해안선과 바다와 육지의 경계에 흩어져 있는 둥글고 큰 바위, 수평선 위에 뜬 보름달, 그 달이 바닷물 표면에 반사되어 만들어내는 달빛 기둥이 특징적이다. 이들 요소는 조금씩 변형되어 그의 작품에 자주 나타나는데, 미술사가 에긍은 이를 '오스고쉬트란드 라인'이라고 불렀다.

오스고쉬트란드 라인을 보여주는 대표적인 풍경화로 〈달빛 Måneskinn〉(1895)을 들 수 있다. 이 그림은 물결치는 해안과 보름달, 달빛 기둥, 전경의 곧게 뻗은 나무들로 이루어진 단순한 구성을 보이지만, 전경의 어둡게 그늘진 숲과 후경의 밝은 여름밤의 대조, 습기찬 여름 바다의 대기 등을 미묘한 색감 표현으로 드러내 단조롭지 않은 분위기를 자아낸다. 뭉크는 노르웨이의 여름밤이 주는 어스름한 오스고쉬트란드의 분위기와 해안가의 습한 대기 때문에 더욱 부드러워지는 달빛을 그림에 담고 싶어 했다. 그래서 전체적으로 모티프의 형태는 단순하고 색감은 담담하게, 수평선과 하늘의 경계는 불명확하게 표현하고, 달빛은 힘없는 연노란빛을 띠게 연출했다.

뭉크가 사랑한 오스고쉬트란드의 여름밤 풍경을 실제로 보고 싶어 7월의 어느 날 오스고쉬트란드를 찾았다. 오스고르Åsgård는 북유

〈**달빛**〉 캔버스에 유채, 93×110cm, 1895, 노르웨이 국립 미술관

뭉크가 오스고쉬트란드의 여름 해변 풍경에서 영감을 받아 그린 작품이다. 수평선 위에 뜬 보름달과 그 달이 바닷물 표면에 반사되어 만들어낸 달빛 기둥은 신비하고 동화 같은 느낌을 보여준다.

럽 신화에서 신들이 사는 곳을 뜻하는데, 오스고쉬트란드는 신들이
사는 곳의 해변이라는 뜻이다.

오스고쉬트란드는 오슬로에서 서쪽 해안가를 따라 100킬로미터
정도 떨어진 곳에 있다. 한두 시간이면 갈 수 있는 곳이지만 밤 풍
경을 보기 위해 숙소를 예약했다. 정오쯤 도착했을 때는 짙은 먹구
름이 하늘 낮게 드리워 있어 소나기라도 내리는 것은 아닌지 걱정
되었는데, 순식간에 한쪽으로 구름이 몰려나고 청명한 하늘이 다시
자리를 차지했다. 날씨 변화가 너무도 드라마틱해서 정말로 신들이
장난을 치고 있는 게 아닐까 하는 생각이 들 정도였다. 강렬한 인상
의 자연 풍경에서 영감을 많이 받았던 뭉크가 오스고쉬트란드를 평
생의 여름 별장으로 선택한 이유에는 이러한 극적인 날씨 변화도
있었을 것이다.

지금은 뭉크 덕분에 잘 알려진 곳이긴 하지만 여전히 오스고쉬트
란드는 한적하고 평화로운 작은 해변 마을이었다. 뭉크는 오스고쉬
트란드에 대해 "낮은 언덕 아래에 피오르로 뻗은 만灣이 있고, 일렬
로 서 있는 노랗고 흰 나무로 지은 집들이 마치 치아 같다. 둥근 돌
로 이루어진 해변 쪽으로 바닷물이 파도를 친다"라고 묘사했는데,
100여 년 전 뭉크의 묘사처럼 지금도 그 모습 그대로였다. 물론 뭉
크가 지내던 당시보다 훨씬 많이 발전하고, 고깃배들보다는 개인
보트들이 더 많아졌지만 뭉크가 묘사한 아기자기한 모습은 변함이
없었다.

흰색으로 칠한, 동화에서나 나올 듯한 나무집들이 옹기종기 붙어
작은 골목들을 이루고, 집 앞 좁은 앞길에 놓인 작은 화단이나 정원

에는 화려한 색상의 화초들이 정성스럽게 가꿔져 있어 거리에 활력을 불어넣고 있었다. 거리 중간중간에 집채만큼 큰 린덴나무가 듬성듬성 서 있는데, 무성한 초록 잎들이 흰 나무집과 대비를 이루며 상쾌함을 더했다. 바닷가로 이어지는 내리막길 덕분에 골목 어디서나 앞집 지붕 너머로 바다 한 뼘이 보이는, 바닷가의 아름다운 전원 마을이었다.

뭉크의 작은 집

작은 마을이라 모든 곳이 지척에 있다. 뭉크가 평생 소유하고 즐겨 찾았던 작은 집도 중심 거리에서 그리 멀지 않은 언덕배기에 있었다. 현재 이 집은 '뭉크의 집Munchs hus'이라고 불리며 뭉크가 살았던 모습을 그대로 유지한 채 작은 박물관으로 운영되고 있다. 한 시간에 한 번 가이드가 뭉크와 오스고쉬트란드의 인연, 이 집의 내부 등을 흥미롭게 설명해준다.

원래 이 집은 1800년대 초반에 지어진 가난한 어부의 집이었다. 1889년 초, 뭉크는 우연히 오스고쉬트란드에 들렀다가 이 어부의 집을 알게 된다. 경치가 좋은 전원, 해변, 산속에서 장기간 여름휴가를 보내는 경향은 뭉크가 살던 시대에도 마찬가지였다. 물론 부르주아 계급에 한해서였지만 말이다. 크리스티아니아 상류층들은 여름 휴가지로 노르웨이 서남쪽 해안을 따라 이어지는 베스트폴 지역을 선호했다. 크리스티아니아에서 운항하는 증기선을 타면 쉽게 갈

오스고쉬트란드의 '에드바르 뭉크의 길'

아름다운 해안가가 보이는 곳에 뭉크의 이름을 딴 길이 있다. 집집마다 작은 화단이나 정원에
꽃나무 등을 심어 골목 안에 행복하고 정겨운 분위기가 가득하다.

수 있었기 때문이다. 해안선을 따라 자리 잡은 한적하고 평화로운 작은 해변 마을들은 따뜻하고 맑은 날씨, 따사로운 여름 햇볕 때문에 휴가지로 인기가 많았다. 오스고쉬트란드도 그런 곳들 중 하나였다.

100여 년 전에는 오스고쉬트란드 해변 중심에 그랑 호텔이 있었는데, 이곳으로 휴가를 온 많은 부르주아들이 이 호텔에서 여름 내내 장기 투숙을 하며 휴식을 취하고 사교를 즐겼다. 일부 부유층들은 아예 이곳에 개인 별장을 가지고 있기도 했다. 부르주아 계급이었지만 경제적으로 넉넉하지 못했던 뭉크 가족은 호텔에서 머무르기엔 부담이 컸다. 그래서 주로 마을 주민들의 집 전체를 단기로 임대하는 민박을 이용했다.

뭉크 가족은 여름휴가를 보내기 위해 어부의 집을 임대했다. 침실 2개와 작은 부엌으로 이루어진 작은 집이었다. 넓은 정원이 해변까지 이어져 있고 저렴한 임대료에 이웃집에서 요리와 청소까지 도맡아주었다. 이후 뭉크는 거의 매년 여름 이곳을 찾았고, 결국 1898년 자신 소유의 첫 부동산으로 이 집을 구입한다.

뭉크가 이 집을 구입했을 당시에는 집 상태가 썩 좋지 않아 뭉크는 여유가 될 때마다 개조 보수 공사를 했다. 1899년에는 정원에 작업실로 쓸 보조 건물을 짓기도 했다.

집 내부로 들어가보면 큰 방의 서랍장에는 뭉크가 사용했던 물감과 팔레트, 안료 병 들이 있고, 책상 옆에는 툴라가 선물한 노르웨이 전통 문양 장식의 수납용 궤짝이 놓여 있다. 벽에는 뭉크의 부모와 형제들의 사진, 그리고 뭉크의 젊은 시절과 노년 시절의 사진이 걸려 있다. 부엌을 지나 작은 방으로 가면 뭉크가 벽에다 대고 쏜 총 알 자국이 그대로 남아 있어 뭉크가 취미로 즐겼다던 사격의 생동 감이 느껴진다. 벽 한 켠에는 뭉크가 가족들과 오스고쉬트란드에 서 찍은 사진들과 이 집을 방문한 적이 있는 툴라, 바이올리니스트 에바 무도치Eva Mudocci의 사진이 걸려 있다. 그리고 한때 뭉크의 그 림들이 들어 있었을 여러 개의 빈 액자들이 벽면에 세워져 있는데, 그림을 잃은 빈 액자들이 마치 뭉크를 잃은 이 집과 같은 처지인 듯 하다.

뒷문을 나오면 바로 오른편에 작업실로 쓰던 별채가 있는데, 지 금은 매표소와 기념품 판매점으로 운영되고 있다. 그 뒤편으로 벤 치와 뭉크의 흉상이 있다. 곧은 나무들이 심어져 있는 뒤편의 정원 은 가파른 내리막 경사를 따라 바다까지 이어져 있는데, 이 풍경은 뭉크의 그림에 여러 차례 등장하는 곧게 뻗은 나무들 사이로 바다 와 하늘이 보이는 장면을 떠오르게 한다. 얼마나 수많은 여름밤을 뭉크는 홀로 이곳에 서서 저 바다를 내려다보았을까. 뭉크의 쓸쓸 함이 온몸에 스며드는 것만 같다.

1889년 가을, 파리 유학을 계기로 가족에게서 독립한 뭉크는 유 학 후 베를린과 파리 등에서 머물게 된다. 그러면서 1898년까지 노 르웨이에 머무는 시간이 비교적 짧았는데, 중간중간 단기간 동안 노르웨이에 돌아왔을 때에는 크리스티아니아에 임시로 아틀리에 를 임대하거나 호텔에 머물렀다. 그러다 1898년 오스고쉬트란드에 이 집을 구입하면서 뭉크는 노르웨이에 정착지를 마련하게 되고, 이는 그의 인생에 큰 전환점이 된다. 1890년대 크리스티아니아, 베

오스고쉬트란드의 뭉크 박물관, '뭉크의 집'

한적한 해변 마을 오스고쉬트란드에는 현재 뭉크 박물관으로 운영되고 있는 '뭉크의 집'이 있
다. 1889년에 뭉크 가족이 여름휴가를 보내기 위해 한 어부의 집을 임대해 사용한 것이 시작
이었지만, 뭉크는 거의 매년 여름 이곳을 찾았고, 결국 1989년에 이 집을 구입하게 된다.

오스고쉬트란드 뭉크의 집 내부

1. 뭉크가 살던 당시 그대로 내부를 보존하고 있다. 2. 큰 방에는 뭉크가 쓰던 물감과 각종 안료, 팔레트, 화구 들이 남아 있다. 3. 부엌은 뭉크의 검소한 일상을 엿보게 해준다. 4. 손님들이 묵었던 방에는 이곳에 들렀던 사람들의 사진이 걸려 있다.

6

5. 작은 방에는 선명한 총알 자국이 남아 있다. 6. 뭉크는 그림뿐만 아니라 글과 편지도 많이 남겼는데, 바다가 내려다보이는 창가 앞 책상에 앉아 글을 쓰던 뭉크의 모습이 그려진다.

릴린, 파리와 같은 번잡한 대도시를 떠돌던 뭉크가 작은 해변 마을에서 마음의 안정을 찾고 에너지를 집중하여 작업을 할 수 있게 된 것이다. 특히 〈생의 프리즈〉 연작에 대한 구상과 완성은 그가 오스고쉬트란드에서 창작에 몰두할 수 있게 되면서 이루어진 것이라고 해도 과언이 아니다.

1902년 여름, 툴라와의 이별 이후 뭉크는 노르웨이를 떠나 한동안 해외를 떠돈다. 그런 불행한 사건이 있었음에도 그는 해외에 있는 내내 오스고쉬트란드의 여름을, 작은 집을 그리워했다. 그는 1909년 노르웨이로 다시 돌아와 크라게러Kragerø에 정착하는데, 그 전까지 오스고쉬트란드의 작은 집이 노르웨이에서 뭉크를 위한 유일한 장소였다. 1933년 지인에게 보낸 뭉크의 편지를 보면 이 집을 가리켜 '유일하게 편안한 집'이라고 묘사하고 있다. 그만큼 오스고쉬트란드의 작은 집은 뭉크에게 마음의 안식을 제공해주던 애착의 장소였다. 2013년, 뭉크 탄생 150주년을 맞이하여 뭉크의 집은 보호 문화재로 지정되었다.

욕망이 눈뜨는 백야의 밤

밤 아홉 시가 훌쩍 넘어서야 하늘에 어스름이 깔리기 시작한다. 일몰의 붉은 노을이 서쪽 하늘 끝자락을 수놓는다. 구름에 가린 달빛은 부드럽게 대기를 감싸 안는다. 해변을 따라 뭉크의 집 쪽으로 걸어본다. 가로등이 없어도 길을 걷는 데 전혀 불편하지 않을 만큼 꽤 밝다.

　나무들의 그림자는 더욱 깊어지고, 잔잔하고 기분 좋게 살랑살랑 불어오는 바닷바람에 나뭇잎들이 낮은 소리를 내며 흔들린다. 바다의 밝은 대기와 대조적으로 눈앞의 숲은 어둠에 묻혀 있다. 신비롭고 아름다운 풍경이다. 이렇게 빛의 콘트라스트가 빚어내는 이중적인 분위기 속에서 뭉크는 첫사랑 밀리와 긴장감 넘치는 밀회를 시작했을 것이다.

> "나는 빛을 좋아하지 않아요. 나는 달이 구름 뒤에 있을 때가 최고라고 생각해요. 그때의 빛은 매우 편안하고 비밀을 간직하고 있어요. 그때의 빛은 매우 절제력이 없지요." (그녀가 말했다.)
> "나는 태양이나 환한 빛도 그럴 수 있다고 생각해요." 브란트는 말했다. "특히 어스름하게 밝은 여름밤에 말이죠."
> "나는 그래요." 한참 뒤에 그녀는 말했다. "오늘 같은 밤이면 나는 무엇이든 할 수 있어요. 어떤 끔찍한 미친 짓도." 브란트는 그녀의 크고 어두운 눈을 들여다보았다. 무슨 의미일까. 그는 순간 어떤 일이 벌어질 것이라는 느낌을 받았다. 마치 죄를 짓는 기분이었다. 그녀는 입을 한쪽으로 찡긋하며 신비하고 부드럽게 웃었다. 사랑스러운 미소였다. 그도 역시 웃을 수밖에 없었다.
>
> ― 뭉크의 노트(MM N 97, 1889~1890)

　빛과 대기에 관심이 많았던 뭉크는 백야의 여름밤 분위기를 특별하게 생각했는데, 밀리와의 대화에서도 이를 엿볼 수 있다. 1890년

어스름한 오스고쉬트란드의 여름밤

석양 속에서 대기는 여전히 밝아 늦은 밤까지 신비한 분위기가 지속된다. 밀리와의 여름 해변
산책에서 뭉크가 보았던 보랏빛 청색을 띤 대기와 바다는 이런 풍경이 아니었을까.

대에 그려진 해변 풍경 그림들이 왜 밤 풍경을 배경으로 하고 있는지 이해할 수 있는 대목이다. 백야의 여름밤이 주는, 편안하지만 비밀을 간직한 분위기는 뭉크가 그리고자 했던 감각적인 심리를 표현하는 데 도움이 되었다.

1889년 이후 뭉크는 밀리와의 강렬했던 사랑의 추억을 회상하면서 사랑을 주제로 한 많은 그림을 그렸다. 대표적으로 〈여름밤의 꿈 Sommernattsdrøm〉(1893)을 들 수 있는데, 밀리와의 여름밤 밀회를 그렸다고 여겨지는 작품이다. 이 작품은 노르웨이 해변의 여름밤이 주는 신비로운 분위기와 매혹적이고 에로틱한 밀리의 아우라가 잘 어우러진 그림이다.

전경에 흰옷을 입은 여자가 바다가 내려다보이는 숲속에 서 있다. 그녀의 얼굴은 여름밤의 어스름 때문에 윤곽이 흐릿한데, 크고 깊은 두 눈만은 선명하다. 그녀는 두 팔을 등 뒤로 모으고 상체를 약간 앞으로 내밀고 턱을 살짝 들어 올리고 있는데, 마치 키스를 기다리는 것 같다. 배경에는 뭉크의 특징적인 패턴인 보름달과 잔잔한 바닷물에 반사되어 만들어지는 달빛 기둥이 있고, 바다 위에는 멀리 두 사람이 탄 작은 배가 떠 있다.

---

1. **〈여름밤의 꿈/목소리〉** 캔버스에 유채, 87.5×108cm, 1893, 보스턴 미술관
2. **〈여름밤의 꿈/목소리〉** 캔버스에 유채, 90×118.5cm, 1893, 뭉크 미술관
오스고쉬트란드의 여름밤을 어스름하게 밝히는 달빛과 습기를 머금은 해안의 대기가 신비로움을 자아내는 작품이다. 보스턴 미술관 소장 버전은 첫사랑의 설렘의 수줍음을 내포하고 있다면, 뭉크 미술관 소장 버전은 사랑에 빠지고 싶은 여인의 열망을 직접적이고 적극적으로 드러내고 있다.

뭉크의 그림에는 이런 작은 배가 자주 등장한다. 뭉크가 남긴 노트를 보면, 작은 배는 남녀가 육체적 사랑을 나누기 위해 근처 무인도로 가기 위한 수단이라는 것을 짐작해볼 수 있다. 잠재된 에로티시즘을 엿볼 수 있는 부분이다. 달빛이 역광으로 비추고 전경의 어두운 숲속 때문에 그녀의 존재는 신비스럽고 아련하게 느껴진다. 이 그림의 모티프를 정확하게 언급하는 뭉크의 노트는 없지만 이 그림과 연관 지어 생각해 볼 만한 글귀가 있다.

그는 자리에 누웠지만 잠이 들 수가 없었다. 창백한 달이 떠 있는 밝은 여름밤 그녀의 모습이 자꾸 떠올랐다. 그녀의 두 눈은 그림자에 묻혀 있었지만 여전히 그를 바라보고 있었다. 그녀는 무언가를 기다리는 것 같았다. 만약 그가 그녀에게 키스했다면 그녀는 아마도 놀랐을 것이다. 그는 이전에 한 번도 키스를 해본 적이 없었다. 다음번에는 할 수 있다면 키스를 해야겠다.

— 뭉크의 노트(MM T 2761, 1889~1890)

폴란드의 문학가 스타니슬라프 프시비셰프스키는 이 그림에 대한 한 비평에서 바다와 하늘이 한 평면으로 서로 녹아 없어지는 신비한 저녁 달빛과 해수면에 비친 달빛을 마치 화학실의 시험관처럼 표현한 것에 주목했다. 그는 이 그림을 지배하고 있는 분위기를 '사춘기의 열망'으로 해석하고, 이를 주인공의 섹슈얼리티가 깨어나고 사랑에 빠지고 싶은 마음을 표현한 것이라 보았다.

이 그림의 제목은 〈여름밤의 꿈〉 외에 〈목소리〉라고 불리기도 한다. 그 이유는 명확하지 않지만, 미술사가 에굼은 뭉크가 밀리에게서 느꼈던 중독성 있는 여자의 매력을 메모한 노트에, 여자의 목소리를 '경이로운 음악'이라고 표현한 것에서 비롯되었다고 보기도 했다. 뭉크가 살아 있는 동안에는 〈목소리〉라는 제목으로 이 그림이 전시된 적은 없다.

　이 그림은 두 가지 버전이 존재하는데, 둘 다 1893년에 그려졌다. 아마도 먼저 그려졌을 것으로 예상되는 보스턴 미술관 소장 버전은 여자가 무릎 높이 정도까지 등장하고 머리에 둥근 챙 모자를 쓰고 있으며 배경에 보름달이 보인다. 흐릿한 빛과 뿌연 분위기로 마치 꿈과 같은 느낌을 자아내는 것이 큰 특징이다. 이 버전은 1893년 12월에 베를린에서 '사랑'이라는 이름으로 다른 4점의 작품과 함께 전시되었고, 이 그림들은 이후 〈생의 프리즈〉에서 사랑을 주제로 한 그림들의 초석이 된다.

　뭉크 미술관 소장 버전은 전경의 여자를 좀 더 확대해 그렸다. 그녀는 머리를 풀어내렸고 푸른빛이 도는 원피스를 입고 있다. 여자를 크게 확대하면서 배경도 더 가까워져 보름달은 화면에서 벗어나 있고 달빛 기둥만 등장한다. 달빛 기둥과 해수면의 색 대비가 강렬하고, 배경의 왼쪽에 두 사람이 탄 배가 등장하는데 이들의 색감도 역시 선명한 밝은 색이라 전경의 어두운 숲과 큰 대조를 보인다. 〈여름밤의 꿈〉 모티프 역시 여러 판화 버전이 존재하는데, 보스턴 미술관 소장 버전은 에칭으로, 뭉크 미술관 소장 버전은 목판화로 제작되었다.

사색과 고독의 해안

오스고쉬트란드를 배경으로 한 뭉크의 작품 중에는 〈여름밤의 꿈〉과 같이 사랑에 빠지는 순간의 두근거림과 성적인 모티프를 다룬 그림이 있는 반면, 〈멜랑콜리Melankoli〉(1891)와 같이 우울, 고민, 무기력을 담은 그림도 있다. 오스고쉬트란드 라인 공식을 따르는 해안가를 배경으로 상념에 빠진 듯한 남자가 우두커니 앉아 있다. 원경의 선착장에는 흰옷과 검은 옷을 입은 두 사람이 선착장에 서 있고, 그 아래에는 노란 나룻배가 묶여 있다. 톤 다운된 색감, 단순한 구성, 곡선의 사용, 넓은 붓 터치를 통해 무기력하고 구슬픈 분위기를 자아낸다.

이 남자는 뭉크의 절친한 친구이자 문필가인 야페 닐센이다. 그역시 크리스티아니아 보헤미안의 멤버였다. 그는 크리스티안 크로그의 아내와 내연 관계에 있다가 실연을 당하게 된다. 오스고쉬트란드에서 머물며 실연의 상처를 달래는 닐센의 모습에서 뭉크는 〈멜랑콜리〉의 영감을 얻었다.

〈멜랑콜리〉는 1891년 가을 전람회에 출품되었는데, 크로그는 이그림과 관련해 당시 프랑스 미술의 최신 경향이었던 상징주의와 연관시켜 긴 비평을 신문에 기고했다. 크로그는 아름다운 선의 움직임과 상징적이고 암시적인 색감 사용이 이 그림을 음악적으로 보이게 하고, 강렬하고 신성한 분위기가 전시장의 다른 그림들 사이에 독보적이라고 평했다. 그리고 이 그림은 어떤 전통과의 연결이나, 영향을 받은 매개체도 없다며 혁신성을 칭찬하기도 했다. 그러나

<**멜랑콜리**> 캔버스에 유채, 72×98cm, 1891, 개인 소장

뭉크의 친구인 야페 닐센이 실연한 모습에서 영감을 받아 그린 그림이다. 인물이 느끼고 있는
우울, 고민, 무기력을 배경의 유려한 곡선과 상징적인 색감으로 극대화했다. 1891년 가을 전람
회에 출품되었을 때 큰 호평을 받았다.

크로그는 자신과 부인을 암시하는 원경의 남녀와 그들의 육체적 사랑을 의미하는 노란 나룻배에 대해서는 어떤 말도 하지 않았다. 그저 노란 배가 있고, 노란색은 질투와 거짓의 색깔이라고 언급하는 정도였다.

〈멜랑콜리〉 역시 여러 버전이 있다. 1891년에 그린 개인 소장 버전이 있고, 이와 비슷한 구도의 뭉크 미술관 소장 버전이 있다. 노르웨이 국립 미술관 소장의 1892년 작은 전경의 인물이 고개를 돌려 화면 오른쪽을 향하고, 원경의 남녀와 사공이 좀 더 강조되어 있다. 베르겐 미술관도 1점을 소장하고 있으며 다양한 목판화 버전으로도 제작되었다.

오스고쉬트란드에서의 단조롭고 외로운 생활은 뭉크가 걸작들을 탄생시킬 수 있었던 원동력이 아니었을까. 그곳에 직접 가보면, 뭉크가 왜 평생 오스고쉬트란드를 찾을 수밖에 없었는지 이해할 수 있을 것이다.

오스고쉬트란드와 다리 위의 소녀들

뭉크는 오스고쉬트란드에서 여름밤의 해변 풍경뿐만 아니라 사람들로부터 많은 예술적 영감과 모티프를 얻었다. 현지 주민들의 생활, 천진난만하게 노는 아이들, 어부들의 평범한 일상, 에너지를 주는 일광욕 등이 뭉크의 그림 소재가 되었다. 오스고쉬트란드 주민들의 일상 풍경에서 영감을 받아 탄생한 대표적인 그림이 〈다리 위의 소녀들Pikene på broen〉이다.

오스고쉬트란드의 중심 해변에는 바다 쪽으로 길게 놓인 증기선 선착장이 있는데, 그 선착장 다리 난간에 기대어 서 있는 소녀들의 모습을 담은 이 그림은 1900년 전후로 나타나는 뭉크의 새로운 화풍을 잘 보여준다. 밝고 강렬한 원색을 사용하면서 유려한 움직임의 형태가 특징적인 라인을 사용하고, 좀 더 표현적인 붓질을 보인다. 색감과 형태가 조화롭게 어우러져 경쾌하고 밝은 분위기를 자아내며 시각적 즐거움을 선사한다.

배경으로 등장하는 쇼스테루드 저택Kiøsterudgården과 린덴나무는 뭉크의 여러 그림에 자주 나오는 모티프이다. 1899년 이탈리아 여행을 통해 건축에서 많은 영감을 받은 뭉크는 이 무렵부터 쇼스테루드 저택과 대형 린덴나무를 배경에 사용한다.

이 저택은 부유한 해상 무역업자가 18세기 후반에 자신이 고용한 선원들을 묵게 하

오스고쉬트란드의 해변에 위치한 쇼스테루드 저택

려고 지은 것이다. 그러다가 19세기 후반 사업가 아브라함 쇼스테루드Abraham Simers
Kiøsterud가 가족 별장으로 사용하기 위해 구입한다. 사람들은 그의 이름을 따서 쇼스테
루드 주택이라고 불렀다,

〈다리 위의 소녀들〉 또한 다양한 버전이 존재한다. 비슷한 모티프의 그림까지 포함하
면 12점의 버전이 있다. 1901년에 처음으로 그린 그림은 노르웨이 국립 미술관 소장으
로, 세 명의 소녀의 뒷모습을 그린 것이다. 같은 해에 그린 함부르크 미술관 소장 〈다리

〈다리 위의 소녀들〉 캔버스에 유채, 136×125.5㎝, 1901, 노르웨이 국립 미술관

〈다리 위의 소녀들〉 캔버스에 유채, 84×129.5㎝, 1901, 함부르크 미술관

위의 소녀들〉은 소녀들에게 좀 더 초점을 맞춰 그렸고, 흰옷을 입은 가장 전경의 소녀가 뒤로 돌아서 있다는 점이 다르다. 개인 소장의 1902년 작은 좀 더 원거리에서 선착장의 모습을 포착했는데, 여기서는 세 명이 아닌 한 그룹의 소녀들이 선착장 다리를 중심으로 둘러 모여 있다. 뭉크는 1927년에 이 모티프를 한 번 더 그리는데, 이 버전은 뭉크 미술관이 소장하고 있다. 베르겐 미술관 소장의 〈다리 위의 여자들Damene på broen〉(1902)은 같은 배경에 등장인물만 변화를 주었다는 점이 흥미롭다.

〈다리 위의 소녀들〉 캔버스에 유채, 101×102.5cm, 1902, 개인 소장

〈다리 위의 소녀들〉 캔버스에 유채,
100×90cm, 1927, 뭉크 미술관

〈다리 위의 여자들〉 캔버스에 유채,
184×205cm, 1902, 베르겐 미술관

우연한 반전의 기회

베를린의 첫 전시회가 불러일으킨 소동

아무리 재능 있고 창의적인 예술가라고 하더라도 그것을 제대로 알아주고 인정해주는 기회를 만나지 못하면 그의 예술품들은 사장될 수밖에 없다. 뭉크 또한 당대의 화풍을 현저히 앞서가는 파격적인 시도를 보였던 〈습작〉과 같은 작품을 출품했을 때 화단과 대중의 혹평과 조롱을 받아야 했다. 화가로서 뭉크의 앞날은 불투명했다.

그런데 어느 날 뭉크에게 뜻하지 않게 행운이 찾아왔다. 그의 인생을 바꿀 절호의 기호였다. 이 기회가 아니었다면 뭉크는 자신의 이름을 역사에 남기지 못했을 수도 있다.

1892년 9월, 뭉크는 파리 유학의 학업 성과를 증명하는 전시회를 칼 요한 거리의 토스투룹고르덴Tostrupgården에서 개최한다. 이 전시회에는 뭉크가 프랑스 파리와 니스에서 시도했던 새로운 경향의 그림들이 출품되었다. 마침 크리스티아니아에 와 있던 노르웨이의 화가 아델스텐 누르만Adelsteen Normann이 이 전시회를 우연히 보게 된다. 그는 노르웨이의 드라마틱한 자연 풍경을 그리는 노르웨이 낭만주의 화가였지만, 베를린에서 활동하며 베를린 화가 협회에 속해 있었다.

누르만은 새로운 화풍을 보여주는 이 젊은 노르웨이 화가의 그림에서 큰 충격과 감흥을 받아 뭉크가 베를린에서 전시회를 열 수 있도록 초청한다. 스물여덟 살의 신인 화가 뭉크에게는 생각지도 못한 좋은 기회였다.

당시 독일은 철학과 문학에서는 대가들을 여럿 배출했지만 그에 비해 미술에서는 이렇다 할 인물을 내놓지 못한 상태였다. 베를린은 세계 화단에서 크게 주목을 받는 곳이 아니었고, 오히려 유럽의 다른 선진 국가들보다 다소 뒤처져 있었다. 베를린이 독일의 수도가 된 것은 1871년, 프로이센의 비스마르크가 통일을 이루고 독일 제국을 세우면서로 불과 20년밖에는 되지 않았다. 당시 독일은 영국과 프랑스에 비해 뒤늦게 뛰어든 산업 혁명의 여파로 경제 성장과 인구 증가가 가파르게 일어나고 있었던 시기였다. 이런 사회적 분위기의 영향을 받은 예술계 내부에서도 새로운 예술을 향한 모색이 태동하고 있었다.

이런 분위기를 감지하지 않았더라도, 해외 유학 이후 고국으로 돌아와 마땅히 무엇부터 해야 할지 난감해하고 있을 때 새로운 곳으로의 초대는 뭉크에게 일종의 돌파구와도 같은 느낌이었을 것이다. 뭉크는 기꺼이 55점의 작품을 들고 10월에 베를린으로 떠난다. 가슴 설레며 떠났을 뭉크의 새로운 도전을 생생히 느껴보기 위해 10월에 베를린을 찾았다.

꽤 쌀쌀했다. 체류 기간 내내 흐리거나 비가 내렸다. 춥고 쓸쓸한

내 인생의 거장을 만나는 특별한 여행

CLASSIC CLOUD

클래식 클라우드

arte

셰익스피어, 클림트, 니체 등 세계의

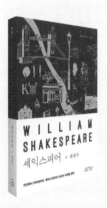

001 셰익스피어 × 황광수

**런던에서 아테네까지,
셰익스피어의
450년 자취를 찾아**

한 시대가 아니라 모든 시대를
위해 존재하는 작가, 인간의
모든 감정을 무대 위에 올린
위대한 스토리텔러, 셰익스피어가
남긴 문학적 유산을 찾아가는
국내 최초의 문학기행

005 푸치니 × 유윤종

**토스카나의 새벽을
무대에 올린 오페라 제왕**

정교한 선율과 격정의
드라마로 전 세계를 매혹한
푸치니 음악의 멜랑콜리와
노스탤지어의 근원을 찾아
유윤종 기자와 함께 푸치니의
선율이 흐르는 이탈리아로의
음악기행

006 헤밍웨0

**20세기 최초
코즈모폴리탄**

프랑스 파리에
아바나에 이르
20여 개의 나라
코즈모폴리턴 ᄒ
우리 삶 곳곳에
헤밍웨이의 문
찾아 떠나는 문

풍경이었다. 어디서나 쉽게 찾아볼 수 있는 전쟁과 냉전의 흔적들이 더욱 쓸쓸한 느낌을 자아냈는지도 모른다. 오후 다섯 시 무렵이면 벌써 날이 어두워진다. 노르웨이의 늦가을 어둠에 익숙해졌다고 생각했는데, 새로운 곳에서 맞는 이른 어둠은 더욱 마음을 쓸쓸하게 만들었다. 하지만 첫 해외 전시회를 앞두고 희망과 의욕이 넘쳤을 뭉크에게 쓸쓸함은 눈에 보이지 않았을 것이다.

독일에서의 첫 번째 전시회는 11월 5일 베를린 화가 협회의 상설 전시장이었던 빌헬름 거리의 '건축가의 집Architektenhaus'에서 열렸다. 이 전시회는 공개되자마자 참담한 혹평을 받았다. 특히 베를린 화가 협회의 회장인 안톤 폰 베르너Anton von Werner는 '예술에 대한 모욕'이라며 뭉크의 작품을 강하게 비판했다. 베르너는 협회의 후원자였던 빌헬름 2세의 민족주의 사상을 고취시키려 노력하고 있었다. 프랑스에 대한 적개심을 품고 있었던 빌헬름 2세는 사실상 프랑스가 주도한 인상주의 미술을 강하게 배척하고 있었다. 그런데 전시회에 출품된 뭉크의 그림은 인상주의의 영향을 받아 그린 그림들이었다. 그중에는 인상주의를 뛰어넘는 파격적인 그림들도 있었다.

그는 뭉크의 그림들이 아주 흉하고, 전시에서의 배치 역시 전통적이지 않다고 비난했다. 베를린 화가 협회는 뭉크의 전시장을 며칠 만에 폐쇄해버렸다. 언론에서는 '뭉크의 추락'이라며 이 소동을 대대적으로 보도했다. 이 사건이 이른바 '뭉크 스캔들'이다. 그러나 뭉크는 이 사건을 긍정적으로 받아들였다. 이 일로 인해 자신의 이름이 더 알려지고 유명해졌기 때문이다. 뭉크의 전시는 독일에서 전통적인 방식의 그림을 추구하는 기존의 고전주의 아카데미즘 집단과

새로운 시도를 추구하는 세력들 사이에 격렬한 논쟁을 불러일으켰다. 결국 이 일이 도화선이 되어 베를린 분리파가 결성되었다.

전시회를 타고 퍼지는 뭉크의 이름

어쨌든 독일에서의 전시회가 며칠 만에 끝나버리자 뭉크는 경제적인 어려움에 놓이게 된다. 그때 새로운 기회를 얻게 되는데, 독일의 진보적인 화상이었던 에두아르드 슐테Eduard Schulte가 뒤셀도르프와 쾰른에서 전시회를 열어보자고 제안한 것이다. 그리고 한 달 만에 두 곳에서 전시회가 열린다.

그런데 이때 뭉크는 자신보다 전시회를 기획한 이가 돈을 더 많이 벌게 되는 것을 보고 직접 전시회를 기획한다. 이 전시회는 베를린 포츠담 광장의 한 전시장에서 열렸는데, 그때의 사진이 남아 있어 당시 전시회가 얼마나 센세이셔널했는지 짐작할 수 있다.

사진을 보면, 그림들이 정렬되어 있지 않은 상태로 벽에 걸려 있으며, 심지어 한쪽 벽에는 드로잉을 마구 붙여놓았다. 논란이 되었던 뭉크의 첫 전시회 역시 이런 분위기였을 것이라고 짐작할 수 있

베를린의 랜드마크, 전승기념탑

1939년 이전에는 전승기념탑이 제국 의회 의사당 앞을 장식하고 있었다. 뭉크가 자주 드나들었던 검은 새끼 돼지 주점이 지척이라 뭉크는 매일같이 이 전승기념탑을 보았을 것이다. 탑 하단부의 모자이크 장식은 뭉크를 혹평했던 베르너가 제작했다.

는데, 보수적인 화단의 눈에는 전시라는 이름으로 장난을 친 것처럼 보였을 것이다.

뭉크는 자신이 기획한 전시회를 통해 큰돈을 벌고 싶어 했지만 정작 부대 비용이 많이 지출되면서 큰 수익을 올리지는 못했다. 그러나 이런 전시들이 입소문을 타면서 여러 곳에서 전시회 요청이 쇄도했다. 덴마크 코펜하겐을 시작으로 독일의 브레슬라우, 드레스덴, 뮌헨에서 전시회가 열렸다.

독일 전역에서 전시회가 열리는 와중에 막 30대에 들어선 뭉크는 베를린의 중심 거리인 운터 덴 린덴Unter den Linden에서 다시 한 번 직접 전시회를 기획하고 연다. 여기서 뭉크는 25점의 유화와 몇 점의 수채화, 드로잉을 선보였는데, 이 전시회에서 처음으로 그림 5점을 묶어 '사랑Die Liebe'이라고 이름을 붙였다. 이와 같은 연작의 개념은 당시엔 매우 생소한 것이었고, 이것은 이후 20여 점의 그림을 아우르는 〈생의 프리즈〉가 탄생하게 된 시작점이라고 할 수 있다.

이듬해인 1894년, 뭉크는 여러 개의 소규모 전시회 요청을 받게 된다. 이들 전시회는 기록 자료나 카탈로그가 남아 있지 않아 정확한 작품 수나 전시장 위치를 파악할 수는 없지만 확실히 뭉크는 연이은 전시회를 통해 계속 이름을 알리고 있었다. 그해 가을에 뭉크는 스웨덴 스톡홀름에서 갤러리 블랑쉬Galleri Blanche를 통해 큰 규모의 전시회를 열게 된다. 스톡홀름 전시회가 끝난 11월, 베를린으로 돌아온 뭉크는 1895년 3월 핀란드의 화가 악셀리 갈렌 칼렐라Akseli Gallen-Kallela와 함께 공동 전시회를 여는데, 이 전시회에서 뭉크는 드라이포인트, 에칭, 석판화 작품도 포함시킨다.

뭉크가 직접 기획한 전시회

뭉크는 1892년 크리스마스 무렵 라이프치히 거리 쪽의 포츠담 광장에 있는 한 전시장에서 자신이 직접 기획한 전시회를 열었다. 사진 속 오른쪽 벽에는 다양한 크기의 그림들이 일정한 기준 없이 걸려 있고, 다른 쪽 벽에는 드로잉 낱장 종이들이 대중없이 붙어 있다. 그리고 그 앞에는 이젤 등의 도구 위에 그림들이 세워져 있는데, 완성작이 아니라 마치 작업 중인 그림들 같은 인상을 준다. 이와 같은 전시 방법은 당시 기준에서는 매우 파격적이고 새로운 것이었다.

정작 고국인 노르웨이에서는 유학 전과 유학 후 두 번의 전시회가 전부였던, 아직 신인이나 다름없었던 뭉크였다. 그러나 독일과 스웨덴에서의 전시회를 통해 그는 현대 미술의 선구자로 유럽 화단에 점차 이름을 알리기 시작한다.

뭉크의 전시회가 끼친 영향은 미술계에만 한정되지 않았다. 독일의 문학가 막스 다우텐데이Max Dauthendey는 1892년에서 1893년으로 넘어가는 겨울에 관능을 주된 모티프로 하는 연극을 준비하기 위해 베를린에 머물고 있었다. 이때 그는 뭉크의 전시회를 보고 감동을 받는다. 그가 1893년에 쓴 미학 선언인 『우주. 사적인 예술, 숭고한 예술Weltall. Die Kunst des Intimen, die Kunst des Erhabenen』에서, 그는 예술을 창조하는 데 있어서 기억과 인상적인 감각이 어떻게 작용하는지를 탐구했다. 그는 새로운 미에 대한 개념과, 그것을 표현하는 도구로서 파격적인 기술의 필요성을 주장했다. 그 예로 뭉크를 제시하면서 "뭉크는 자연으로부터 받은 개인적인 인상들을 재창조해내는 예술에 있어서 선구자"라고 칭송했다.

이처럼 성공가도를 달리던 당시의 뭉크를 잘 보여주는 그림이 〈담배를 든 자화상Selvportrett med sigarett〉(1895)이다. 잘 차려입은 양복, 말끔하게 빗어 넘긴 머리칼과 멋을 낸 콧수염, 그리고 무엇보다 자신만만하게 화면을 바라보는, 마치 화면 너머를 뚫을 듯한 강렬한 눈빛이 당당한 자신감을 보여준다. 몸은 어두운 배경 속으로 반쯤 묻혀 있는데, 유독 얼굴과 오른손에 조명이 집중되고 있다. 그의 손은 화가로서의 자신감을 표현하듯 화면 중심에, 가장 전면에 강렬하게 드러난다. 담배를 피우며 여유를 부리는 모습을 보면 그가 자

〈**담배를 든 자화상**〉 캔버스에 유채, 110.5×85.5cm, 1895, 노르웨이 국립 미술관

신의 성공을 즐기고 과시하는 듯하다.

베를린에서의 성과는 뭉크가 유럽 전역에 이름을 알리고 예술계에 영향을 끼친 것에만 그치지 않았다. 뭉크 자신 역시 베를린에서 배우고 얻은 게 많았다. 그는 이곳에서 다양한 문화계 인사들을 만나 그들의 사상과 지식을 공유하면서 자신의 예술 세계를 정립해 나간다.

검은 새끼 돼지 주점의 단골들

뭉크는 베를린에서 문화 예술계의 여러 인사들을 만나고 인맥을 쌓을 수 있는 자리에 참석하며 네트워크를 넓혀간다. 그가 가장 편하게 즐겨 찾은 곳은 스칸디나비아 출신 예술가들이 자주 모이던 '검은 새끼 돼지Zum Schwarzen Ferkel'라는 주점이었다. 원래는 주인의 이름을 딴 평범한 와인 주점이었는데, 단골이었던 스웨덴의 문학가 아우구스트 스트린드베리August Strindberg가 입구에 걸린 아르메니아산 와인 주머니가 검은 새끼 돼지같이 생겼다고 해서 별명처럼 이곳을 '검은 새끼 돼지'라고 부르자, 다른 단골들도 그 별명을 사용하게 된 것이다.

이곳을 찾은 단골 중에는 시인, 문필가, 철학가, 음악가 등 예술가들이 많았는데, 뭉크는 스트린드베리를 비롯하여 노르웨이 문필가 군나르 하이베르그, 노르웨이 시인 시그비욘 옵스트펠데르 Sigbjørn Obstfelder, 덴마크 시인 홀게르 드라크만Holger Drachmann, 핀란드

문필가 아돌프 파울Adolf Paul 등과 자주 어울렸다. 하지만 뭐니 뭐니 해도 그룹의 중심에는 폴란드 문학가 스타니슬라프 프시비셰프스키가 있었다.

미술사가 라테Lathe는 뭉크가 검은 새끼 돼지 그룹을 통해 문필가, 희곡가 들과 어울리면서 그의 그림에도 영향을 주었다고 주장한다. 뭉크는 동시대의 다른 화가들이 좇던 회화적 이상에는 공감하지 못했고, 특히 문학에 심취해 있었다. 실제로 뭉크는 많은 글을 직접 쓰기도 했다. 라테는 뭉크의 작품에서 보이는 신경질적인 긴장과 불안정한 분위기는 뭉크가 검은 새끼 돼지 그룹 동료들의 작품에서 감탄했었던 '직관'을 표현하기 위해 발전시킨 것이라고 보았다.

검은 새끼 돼지 그룹의 멤버들은 문학과 예술과 연관하여 새로운 사상, 상징주의와 데카당트 미학, 최신의 과학적 발견 혹은 이국적인 방식이나 현상 등 다방면에 깊은 관심을 가졌다. 예를 들어 프시비셰프스키는 『레퀴엠Die Totenmesse』(1893)에서 세상의 힘의 원천으로서 섹슈얼리티를 탐구했고, 신과 도덕을 부정하며 니체의 실존주의와 사니니즘에 심취하기도 했다.

검은 새끼 돼지 그룹의 멤버들은 예술적 발전을 위한 새롭고 생산적인 자극을 주고받는 것을 매우 중요하게 생각했다. 그런 이유로, 이 그룹은 자유로운 사상을 가진 예술가들을 불러모았다. 이곳의 뒷방에서는 검열이나 인습의 구애 없이 무신론이나 퇴폐적이고 과격하며 급진적인 사상에 대해서도 자유롭게 토론하고 나눌 수 있었기 때문이었다.

이들은 프랑스 상징주의 문학에 경도되어 있었고, 쇼펜하우어와

검은 새끼 돼지 주점의 엽서

검은 새끼 돼지 주점이 위치해 있던 운터 덴 린덴 거리와 빌헬름 거리의 교차점은 제2차 세계 대전 때 폭격으로 그 일대가 완전히 파괴되어 지금은 그 모습을 찾을 수 없다. 하지만 주점의 홍보용 엽서가 남아 있어 외관과 실내 모습을 엿볼 수 있다. 스칸디나비아 출신 예술가들은 이곳에서 마시고 떠들며 타국 생활의 외로움을 달랬다.

Gruß aus den Wein- und Austernstuben
„Zum schwarzen Ferkel"
G. Türke Nachflgr, Inh. Arthur Jerke
BERLIN, Dorotheenstr. 31
Telephon Amt Zentrum 7950

니체를 읽고 또 그것을 곱씹어 재해석했다. 또한 그들은 사상과 종교, 인간의 상상력 등의 원동력으로서 섹슈얼리티에 대해 지속적으로 토론했다.

프시비셰프스키는 뭉크의 예술을 이론적이고 비평적으로 정립하는 데 큰 영향을 끼친 인물이다. 그는 뭉크의 1893년 12월 전시회에서 선보인 새로운 작품들을 무의식적인 영혼의 표현이라고 해석했고, 이를 바탕으로 1894년에는 4편의 에세이로 이루어진 뭉크 예술에 대한 첫 번째 책, 『에드바르 뭉크의 작품들*Das Werk des Edvard Munch*』을 편집하기도 했다.

앞서 뭉크에게 예술적 영감을 준 여자로 프시비셰프스키의 부인인 다그니 율을 언급한 바 있다. 율의 관능성과 여성성, 그리고 프시비셰프스키의 섹슈얼리티에 대한 집중은 뭉크뿐만 아니라 검은 새끼 돼지 그룹의 예술가들에게 많은 영향을 끼쳤다. 뭉크도 이들 부부에게 영감을 받아 그림을 그렸다. 율은 〈마돈나〉 〈뱀파이어〉와 같은 그림에 영감을 주었고, 〈질투*Sjalusi*〉(1895)와 〈여자 머리카락 속의 남자 머리*Mannshode i kvinnehår*〉(1896) 등에는 프시비셰프스키의 얼굴이 등장한다.

프시비셰프스키와 율의 집은 검은 새끼 돼지 그룹의 또 다른 아지트였다. 이곳에서 예술가들은 밤새 술을 마시고, 음악을 듣고, 춤을 추고, 토론했다. 뭉크는 검은 새끼 돼지 그룹에서 많은 예술적 영감과 아이디어를 얻기는 했지만, 또 한편으로는 간혹 이 집단의 사상과 행동이 도를 넘어 지나치게 파격적이고 과격해진 것 같으면 한 발짝 물러나 있기도 했다.

뭉크는 사색의 시간이 필요할 때면, 검은 새끼 돼지 주점에서 한 블록 떨어져 있는 카페 바우어Café Bauer를 찾았다. 그곳은 프리드리히 거리와 운터 덴 린덴 거리 코너에 있는 바우어 호텔의 1층 카페였다. 뭉크는 늦은 오후 무렵이 되면 자주 이곳에 들러 커피와 코냑을 마시며 노르웨이 신문을 읽었다. 특히 1895년 무렵부터 뭉크는 판화에 심취하게 되는데, 새로운 전시회를 준비하면서부터는 베를린 시내 중심을 벗어나 샬로텐부르크로 주거지를 옮겨 검은 새끼 돼지 그룹과 떨어져 차분하게 창작 활동에 집중했다.

1895년 3월 전시회가 끝나자 그는 다시 시내 중심에 있는 호텔에 묵으면서 예전처럼 파티와 사교 생활을 이어간다. 1895년 겨울, 노르웨이의 조각가 구스타브 비겔란드Gustav Vigeland가 뭉크와 같은 호텔에 묵게 된다. 뛰어난 재능으로 명성을 얻고 있던 그는 베를린에 오자마자 이내 검은 새끼 돼지 그룹에 합류했는데, 비겔란드와 뭉크는 만나기만 하면 티격태격 다투었다. 한번은 자신이 만든 뭉크의 흉상을 화가 나서 부숴버리기도 했다. 그들은 아마도 처음 보는 순간부터 서로를 라이벌로 느꼈던 것일지도 모르겠다.

1895년 이후로 검은 새끼 돼지 그룹의 멤버들은 하나둘 활동이 뜸해지고 베를린을 떠나기 시작했다. 스트린드베리와 마이어-그레페는 파리로 이주해버렸다. 검은 새끼 돼지 그룹 이외엔 다른 예술가들과 크게 교류가 없었던 뭉크는 더 이상 베를린에 머무를 이유를 찾지 못하고 이듬해 2월, 당시 가장 선진적인 예술 도시였던 파리로 떠난다.

〈뱀파이어〉 캔버스에 유채, 91×109cm, 1895, 뭉크 미술관

이 작품의 원제는 '사랑과 고통 Kjærlighet og smerte'으로, 한 여성이 남성의 목에 키스하는 모습을 그린 것이라고 한다. 그런데 평론가들은 작품의 기괴한 분위기가 뱀파이어를 연상케 한다고 해서 〈뱀파이어〉라고 부르기 시작했다. 실제로 '뱀파이어'라는 작품의 제목은 프시비셰프스키가 붙여준 것이다.

1900년경의 바우어 호텔

운터 덴 린덴 거리와 프리드리히 거리의 교차점에 자리하고 있던 바우어 호텔 역시 제2차 세계대전의 여파로 그 흔적이 남아 있지 않다. 이 호텔 1층의 카페 바우어는 20세기 초에 활약하던 베를린의 사상가들과 지식인들의 교류의 장이었다. 뭉크는 검은 새끼 돼지 주점에서 한 블록 떨어진 곳에 있던 카페 바우어에서 혼자만의 차분한 시간을 가지곤 했다.

퇴폐 예술로 낙인찍히다

베를린에서 뭉크는 채 4년이 안 되는 시간 동안 〈절규〉〈불안〉 〈뱀파이어〉〈마돈나〉과 같은 작품 대부분을 완성했다. 검은 새끼 돼지 그룹의 급진적이고 과격한 예술가들과의 교류를 통해 뭉크는 자신의 예술을 정립시켜 나갔다. 그리고 여러 전시회를 통해 이름을 널리 알렸을 뿐 아니라, 독일의 젊은 예술가들에게 커다란 영향을 끼쳤다. 뭉크 미술에 영향을 받은 이들은 이후 표현주의를 꽃피우고 추상 미술을 끌어내는 견인차 역할을 했다. 1927년 독일 국립 미술관은 독일 예술계 발전에 기여한 뭉크의 공로를 인정하여 뭉크의 대규모 회고전을 개최하기도 했다. 이 전시회는 노르웨이 국립 미술관에서도 열렸다.

그러나 독일과의 인연이 끝까지 아름다웠던 것은 아니다. 1933년 나치 정부가 들어선 후, 한때 화가를 꿈꾸었던 히틀러는 모든 종류의 모더니즘 예술을 혐오했다. 나치 정부는 젊은 예술가들이 추구하는 새로운 예술이 얼마나 타락했는지를 보여주기 위해 독일 내의 미술관, 화랑, 개인 수집가들, 예술가들에게 압수한 작품으로 '퇴폐 미술전'을 개최했다. 이 전시회는 1937년 7월 19일 뮌헨을 시작으로 베를린, 뒤셀도르프, 프랑크푸르트 등 주요 도시의 32개 공립 미술관으로 이어졌다.

이들 전시에는 표현주의, 추상주의, 다다이즘 등 20세기의 모든 아방가르드 미술이 거의 다 포함되었다. 특히 나치 정부는 20세기 초 독일에서 활발하게 전개된 표현주의에 대해 매우 부정적이었는데, '내면에 잠재된 불안과 정신성을 표출하는 것은 비독일적(비게르만적)이며 타락이고 퇴폐'라는 논리였다. 독일 표현주의의 씨앗을 뿌린 뭉크 역시 대표적인 퇴폐 미술 화가로 낙인찍힐 수밖에 없었고, 그의 작품 82점이 압수당했다. '퇴폐 미술전'을 통해 압수된 1만 7,000여 점의 예술 작품 중에서 4,000점 이상이 1939년 5월 베를린 소방서에서 소각되었고, 약 2,000점이 같은 해 6월 뤼체른에서 열린 경매를 통해 해외로 팔려나갔다.

독일은 뭉크에게 예술가로서의 명예와 경제적 후원까지 가져다준 곳으로, 그에게는 아마도 제2의 고향 같은 곳이었을 것이다. 그러나 나치 정부가 들어선 후 뭉크는 두 번 다시 베를린을 방문할 수도, 전시회를 열 수도 없게 되었다. 뭉크는 끝내 나치 정부의 패망을 보지 못하고 1944년에 세상을 떠난다.

1938년 베를린에서 열린 퇴폐 미술전

모더니즘 예술을 혐오한 나치 정부는 퇴폐 미술을 청산한다는 명목으로 순회 '퇴폐 미술전'을 개최한다. 나치 정부는 특히 표현주의 작품들을 비난했는데, 자신의 감정을 과감하게 드러내는 표현주의 예술의 정신이 나치의 엄격한 사회적 통제에 걸림돌이 될 수 있기 때문이었다. 독일에서만 뭉크의 작품 82점이 압수당했다. 그중 일부는 경매를 통해 노르웨이 예술품 수집가들이 구입했지만, 여전히 많은 작품의 행방이 묘연하다.

삶과 죽음을 고민하고 그리다

파리 유학, 새로운 자극과 인상

　예술과 관련 있는 일을 하거나 혹은 예술에 관심이 있는 사람이라면 누구나 한번쯤 파리에 가보고 싶어 하고, 한번쯤 살아보고 싶어 할 것이다. 예술가들 사이에서 파리는 환상과 낭만이 가득한 꿈과 같은 도시이다. 특히나 19세기 세계 화단의 중심은 단연코 파리였다. 그곳은 당대의 최신 미술 경향을 접할 수 있는 곳이었고, 다양한 미술 사조가 탄생한 곳이기도 했으며, 천재적인 예술가들이 활동하던 곳이었다. 파리에서 성공한다는 것은 당시 예술의 변방이나 마찬가지였던 노르웨이의 예술가들에게 더욱 꿈 같은 일이었다. 당시 노르웨이는 약 500년간 이어진 덴마크의 지배 이후 스웨덴의 통치를 받고 있었고, 정치적으로나 문화적으로 주목받지 못하던 나라였기 때문이다. 크리스티아니아 보헤미안을 통해 친분이 있었던 군나르 하이베르그와 오다 크로그가 파리로 거주지를 옮기면서 뭉크에게 보낸 편지에 "파리는 이 세상 어떤 다른 도시들보다도 더 좋다"라고 언급했을 정도였다. 동료 예술가들의 이런 말에 뭉크는 파리를 더욱 열망하게 된다.

가시적인 성공을 거두지는 못했지만 뭉크의 인생에서 파리는 베를린과 마찬가지로 중요한 전환점이 되는 곳이다. 베를린이 뭉크에게 기회와 성공을 가져다준 곳이라면, 파리는 뭉크가 자기 성찰과 내공을 쌓았던 도시였다.

뭉크의 삶에서 파리를 주목해야 하는 시기는 두 번이다. 첫 번째는 1889년부터 3년간 떠났던 유학 시절이고, 두 번째는 베를린에서의 성공 이후 새로운 성공을 꿈꾸며 떠난 2년 정도의 시간이다. 인생의 전성기와 침체기가 있다면, 파리 시절은 뭉크에게 침체기에 가까운 시절이었다. 하지만 파리에서 경험한 아픔과 실패를 통해 뭉크의 예술 세계는 더욱 단단해지고 성숙해졌다.

1885년 봄, 스물한 살의 뭉크는 프리츠 타우로브의 후원으로 3주간 루브르 미술관과 살롱전을 보러 난생처음 파리를 방문한다. 이 여행을 계기로 뭉크는 본격적인 파리 유학을 꿈꾸게 되는데, 넉넉하지 못했던 집안 형편 때문에 국비 장학금을 신청한다. 1888년 5월에 처음 신청했을 때 불합격의 고배를 마신 후 이듬해에는 더욱 철저하게 준비한다. 국비 장학금을 받기 위해 크리스티아니아에서 첫 개인전을 연다. 이 전시회를 열기 위해 덴마크 코펜하겐에 가서 프랑스 회화전을 보고 올 정도로 열심이었다.

당시로서는 한 작가의 그림만으로 전시회를 연다는 것이 매우 이례적인 일이었다. 노르웨이 최대 일간지 《아프텐포스텐》은 이 전시회에 대해 "대담함은 높고 자기반성은 부족"이라고 평했다. 어쨌든 이 전시회를 통해 더는 사람들이 뭉크의 재능을 의심하지 않았고, 뭉크는 바라던 대로 국비 장학금을 받게 된다. 장학금을 받는 조건은 파리에서 모델 드로잉을 배울 것, 유학을 마친 이후에는 유학의 성과를 보여주는 전시회를 여는 것이었다.

그렇게 뭉크는 1889년 10월 파리로 떠난다. 그해는 파리 만국 박람회가 열린 해였다. 10월 말까지 이어진 만국 박람회의 끄트머리를 뭉크 역시 즐겼을 것이다. 건설 당시 흉물이라며 엄청난 논쟁에 휩싸였던 에펠탑을 보면서 뭉크는 무슨 생각을 했을까. 다른 사람들과 마찬가지로 비난했을까, 아니면 이 건축물이 후대에 파리의 상징이 되고 전 세계인의 사랑을 받을 것을 예견했을까. 〈아픈 아이〉에 쏠렸던 비난과 조롱을 떠올리며 논란의 중심이었던 에펠탑이 뭉크에게는 남달리 보였을지도 모르겠다.

파리에 입성한 뭉크는 초상화가로 유명한 레옹 보나Léon Bonnat의 화실에서 열리는 모델 드로잉 수업에 등록한다. 그의 화실은 스칸디나비아 출신의 예술가들이 한번쯤은 거쳐갔을 정도로 유명했다. 뭉크는 모델의 치수를 재어 정확하게 그리는 데생 수업이 반복되자 싫증을 내기 시작하더니 점차 화실에 나가지 않게 된다.

당시에 파리에서 성공한 북유럽 예술가들은 주로 내셔널 로맨티시즘 계열의 그림을 그렸다. 이들이 그린 그림에는 역사적 사건이나 눈으로 덮인 북유럽의 전원 풍경, 토속적인 정취 등 국가 이데올로기가 담겨 있는 경우가 많았다. 뭉크는 이런 화풍엔 관심이 없었다. 오히려 그는 어느 한 사조에 편입되지 않고 독특한 분위기를 보여주는 피에르 퓌비 드 샤반Pieere Puvis de Chavanne, 폴 알베르 베나르Paul-Albert Besnard, 앙리 제르벡스Henri Gervex, 외젠 카리에르Eugène Carriére, 바스티앙 르파주Jules Bastien-Lepage와 같은 젊은 작가들의 화풍에 큰 관심을 보였다. 그들은 인상주의 대가들보다도 10년 이상 젊은 예술가들이었다. 그들은 주제 면에서는 살롱전에서 선호하는 고전주의 혹은 자연주의 테마를 다루었다. 하지만 형식적인 면에서는 인상주의 화가들처럼 빛과 대기에 주목했다. 빛과 대기가 빚어내는 미묘하고 신비로운 효과에 집중한 것이다. 그 결과, 이들의 그림들은 기존 예술의 모티프를 다루면서도 독특한 분위기와 뉘앙스를 풍기게 된다.

파리의 신진 작가들의 이러한 새로운 화풍에서 영감을 받은 뭉크는 인상주의와 자연주의 사이의 경계를 넘나드는 그림을 선보인다. 뭉크는 특정 사조에 얽매이지 않고 여러 사조의 특징들을 혼용한 실험적인 시도를 선보인다. 그래서 당시 뭉크가 그린 대부분의 그림들은 인상주의적 테크닉과 모티프를 보여주지만, 엄밀한 의미에서 온전한 인상주의 작품은 아니었다.

그러던 어느 날 유학 중인 뭉크에게 위기가 찾아왔다. 갑작스러운 아버지의 부고 소식이었다. 노르웨이로 돌아갈 수 없었던 그는 큰 상심에 빠지게 된다. 아버지에게 잘해드리지 못한 일들을 떠올리며 후회로 하루하루를 보냈다.

때로는 홀로 주점을 찾기도 했다. 뭉크가 자주 찾은 곳은 몽타뉴 휘스Montagnes Russes라는 곳이었다. 이곳은 우리에게 잘 알려진 '물랭 루주'와 같은 화려한 공연을 볼 수 있는 곳이었는데, 당시 입장

뭉크가 자주 찾았던 몽타뉴 휘스

몽타뉴 휘스는 1888년 조셉 올레와 샤를르 지들러가 개업한, 화려한 공연을 볼 수 있는 주점이었다. 이들은 이듬해 몽마르트르에 비슷한 콘셉트의 물랭 루주도 오픈한다. 몽타뉴 휘스는 1893년 올랭피아라는 이름으로 바뀌었고, 현재는 유명 가수들의 콘서트가 열리는 공연장으로 유명하다.

료 1프랑이면 남태평양의 사모아나 타히티, 남미 지역의 이국적인 춤을 볼 수 있었다. 뭉크는 가끔 이런 시끌벅적한 곳에서 현란하고 화려한 무대를 보며 잠시나마 우울한 생각에서 벗어났다.

어느 날, 뭉크는 그곳에서 검은 피부의 이국적인 여성이 남성을 유혹하는 장면을 보고 큰 충격을 받는다. 살아 있는 인간의 본능과 감정이 얼마나 놀랍고 대단한 것인지 각성하게 된다. 뭉크는 이때 받은 강렬한 느낌을 글로 남겼고, 이후에도 여러 번 곱씹어 생각하면서 자신의 예술이 지향해야 할 바를 고민했다.

더 이상 실내에 있는 사람, 책 읽는 사람이나 뜨개질하는 여자들을 그려서는 안 된다. 살아 숨 쉬고, 느끼고, 아파하고, 사랑하는, 살아 있는 인간을 그려야 한다. 나는 그런 종류의 그림들을 그릴 것이다. 사람들은 이것의 신성함을 이해하게 될 것이고, 모자를 벗어 경의를 표할 것이다.

— 뭉크의 노트(MM N 63, 1929)

뭉크는 자신이 세상에 보여줘야 할 그림은 살아 숨 쉬고, 느끼고, 아파하고, 사랑하는, 살아 있는 인간의 모습이라는 것을 깨닫는다. 그 강렬한 삶의 순간들이야말로 진정한 감동과 경의를 끌어낼 수 있다고 생각한 것이다.

이렇게 파리 유학을 거치며 뭉크는 눈으로 대상을 관찰해서 그려내는 화가가 아니라, 인간의 삶을 마음으로 느끼고 이를 시각적으로 담아내는 화가로 변모하게 된다. 이는 뭉크의 예술에서 중요한 전환점이라고 할 수 있다. 왜냐하면 당대 혹은 이전 세대들과 완전히 다른 예술을 추구하겠다고 결심한 것이기 때문이다. 뭉크는 가장 창조적이고 활발하게 움직이는 도시, 파리에서 새롭고 혁신적인 예술의 개념을 생각해냈고, 또 그것을 이끌겠다고 결심했다. 그 결심은 오래가지 않아 행동으로 옮겨졌다.

생 클루의 밤

1890년 1월, 독감의 유행으로 뭉크는 파리 외곽의 생 클루로 거주지를 옮기게 된다. 노르웨이로 돌아갈 때까지 그곳에서 머무르게 된다. 화려한 파리를 떠나 한적한 외곽으로 옮겨간 뭉크는 어떤 마음이었을까? 왜 하필 생 클루였을까? 파리에는 여러 번 가보았지만 생 클루는 내게도 생소한 곳이었다. 뭉크의 기분을 느껴보고 싶어 생 클루를 찾았다.

생 클루는 파리 서쪽 센 강 너머에 있는 곳으로, 지하철을 타면 좀 더 효율적으로 찾아갈 수도 있지만 기차를 타기로 했다. 생 라자르 역에서 통근 기차를 타고 20분이면 생 클루 역에 다다른다. 높은 지대에 있는 생 클루 역에서 승강기를 타고 내려오니 한적한 주택가가 가장 먼저 눈에 들어온다.

사람도, 차도, 크고 화려한 건물도 많은 북적북적한 대도시에서 조금만 벗어나면 전혀 다른 즐거움을 맛볼 수 있다. 소담하지만 잘 꾸며진 단독 주택들, 조용하고 한적한 길에는 여유롭게 유모차를 끌고 가는 사람들, 떠들고 장난치면서 하교하는 아이들 등 정다운 분위기가 풍겨온다. 겨울이지만 따사로운 햇살이 비춰서 그리 춥지도 않고 바람도 없었다. 뭉크는 독감을 피해 파리를 떠났지만, 실은 독감과도 같은 파리의 강렬한 자극에 몸살이 난 것은 아니었을까. 잠시나마 창작의 고통에서 벗어나 보통 사람들처럼 평범한 일상을 보내고 싶었던 것은 아닐까. 실제로 본 생 클루는 마음의 번잡함을 잊게 만드는 곳이었다.

뭉크는 센 강변의 벨베데레Belvedere라는 호텔에서 장기 투숙을 했다. 센 강이 내려다보이고 그 너머로 에펠탑이 보이는 넓은 방에 묵었다고 한다. 뭉크는 생 클루에서 점차 마음의 안정을 찾게 된다.

뭉크는 시간이 날 때마다 호텔 근처의 생 클루 공원에서 산책을 즐겼는데, 드넓은 공원을 거닐면서 깊은 상념에 빠지곤 했다. 이때 뭉크는 삶과 죽음에 대해 심도 있는 숙고를 하게 된다. 자연의 순환 안에서 삶과 죽음을 생각하며 실존에 대한 고민에 몰두한 것이다.

하지만 뭉크는 대부분의 시간을 호텔 방에서 보냈다. 오후 내내 벽난로 옆에 앉아서 불꽃을 바라볼 때도 있었다. 당시 뭉크의 심정이 잘 드러나는 그림이 〈생 클루의 밤Natt i Saint-Cloud〉(1890)이다.

불 꺼진 방에 한 남자가 창밖 풍경을 바라보고 있다. 넓은 창으로 달빛이 환히 들어와 바닥을 비추고 온 방을 포근한 푸른 기운으로 감싼다. 창밖으로는 센 강을 따라 흐르는 배와 맞은편의 불빛들이 보인다. 아름다운 색감과 서정적인 분위기와는 대조적으로 창가의 남자는 어딘가 외롭고 슬퍼 보인다. 어둠에 묻혀 얼굴 표정은 드러나지 않지만, 한쪽 팔을 창턱에 대고 턱을 괴고 있는 모습에서 밤이 깊

〈생 클루의 밤〉 캔버스에 유채, 64.5×54cm, 1890, 노르웨이 국립 미술관

뭉크가 생 클루에서 보낸 고독의 시간을 잘 드러내주는 작품이다. 그는 센 강 옆에 위치한 호텔에 홀로 지내며 자주 삶과 죽음에 대한 성찰에 빠졌다. 불 꺼진 방에서 홀로 창밖의 강변을 내다보고 있는 남자의 모습은 바로 뭉크 자신이 아니었을까. 창을 통해 보이는 푸른 밤하늘과 달빛, 그리고 바닥에 드리운 창틀의 음영이 서정적인 분위기를 자아낸다.

도록 잠을 이루지 못하는 듯한 인상을 준다. 뭉크가 노르웨이에 있는 친구에게 보낸 편지를 보면 이 그림에 대한 영감을 찾을 수 있다.

> 얼마나 많은 저녁을 나는 혼자 창가에 앉아서 자네가 여기 있지 않음을 안타깝게 생각하는지 모른다네. 자네가 여기 있다면 우리는 같이 달빛 속의 바깥 풍경을 감상할 수 있을 텐데. 강 건너편에 불빛들이 보이고, 길 아래의 가스등이, 그리고 푸른색, 붉은색, 노란색 등을 단 증기선들이 보인다네. 방 안은 어스름한데 달빛이 바닥에 던지는 푸른색이 도는 사각형 때문에 이상한 분위기가 연출되지.
> — 뭉크의 편지 초안(MM N 1922, 1890)

생 클루에서의 외롭고 단조로운 생활은 뭉크가 깊이 생각할 수 있는 환경을 조성해주었고, 더불어 그의 예술이 도약할 수 있는 기회를 만들어주었다. 이때 뭉크는 동일한 주제로 여러 그림을 묶는 연작의 개념을 처음으로 구상하기도 했다. 이후 뭉크는 자신의 예술이 정체됐다고 느낄 때마다 생 클루에서의 경험을 떠올리며 스스로를 고립시켰다. 니스, 오스고쉬트란드, 에켈리에서 그 흔적을 찾을 수 있다. 고독은 뭉크의 예술 세계에서 떼려야 뗄 수 없는 부분이다.

파리가 아니라 니스

1890년 5월, 뭉크는 파리 살롱전을 보고 난 후 노르웨이로 돌아갔다가 가을이 되자 다시 파리로 갈 준비를 한다. 그런데 파리로 가던 도중 뭉크는 심한 감기에 걸리고 만다. 치료와 요양을 위해 어쩔 수 없이 노르망디 지역의 해안 도시 르 아브르Le Havre에 있는 병원에서 한동안 머무르게 된다.

뭉크는 몸이 회복되자 파리로 돌아왔는데, 며칠이 지나지 않아 시베리아 기단의 찬 공기가 파리로 밀려 내려오자 건강을 염려하여 바로 니스행 기차에 몸을 싣는다. 그리고 니스에서 이듬해 상반기까지 머무른다. 유학 2년차의 시간은 그렇게 대부분 니스에서 보내게 되는데, 니스에서 학업을 이어간 것은 아니었기 때문에 이를 장기간의 병가로 인정받아 뭉크는 장학금을 한 해 더 받게 된다. 뭉크는 건강 문제로 니스에 머무르긴 했지만 그곳에서도 창작 활동을 멈추지는 않았다.

1891년 여름, 뭉크는 노르웨이로 돌아와 오스고쉬트란드에서 방학을 보내고 늦은 가을이 되어서야 연장된 유학 3년차를 위해 파리로 떠난다. 파리에 도착한 지 며칠 후, 건강상에 딱히 문제가 있는 것도 아니었지만 뭉크는 다시 니스로 향했다. 니스에서 뭉크는 편안하게 그림도 그리고 휴양과 도박을 즐기며 평화로운 시간을 보내긴 했지만, 한편으로는 꽤 외로운 시간을 보낸 듯하다. 뭉크는 당시의 상황을 다음과 같이 써놓았다. "얼마나 외로운가. 나는 바깥에서 들려오는 발소리를 듣는 걸 오래전에 그만두었다. 왜냐하면 그 발소리들은 나를 찾으러 오는 것이 아님을 알기 때문이다." 이 글을 통해 누군가 자신을 찾아와주길 간절히 바라는 듯한 뭉크의 마음을 느낄 수 있다.

〈니스의 밤〉 캔버스에 유채, 48×54cm, 1891, 노르웨이 국립 미술관

뭉크는 건강 문제로 파리를 떠나 날씨가 따뜻한 프랑스 남부 니스로 내려온다. 니스에서 보낸 고요한 시간은 뭉크가 자신만의 예술 세계를 구축하는 데 자양분이 되었지만, 당시에는 홀로 고립된 채 내내 외로운 시간을 보내야 했다. 늦은 밤까지 잠들지 못하고 창밖 풍경을 내다보고 있는 구도가 그의 외로움을 대변하는 듯하다.

그렇게 찾아오는 이 없이 혼자 보내는 시간 동안 뭉크는 크리스티아니아와 오스고쉬트란드에서 보낸 시간들을 자주 회상하고, 예게르의 권고에 따라 자신의 인생을 글로 써보기도 했다. 그리고 이를 창작의 모티프로 활용한다. 〈절규〉의 바탕이 되는 노트와 습작 또한 니스 시절에 제작되었다.

뭉크는 이렇게 자신이 과거에 겪은 강렬하고 감각적인 경험의 순간들을 떠올려 글로 쓰고 그림으로 그려보며 이를 예술의 대상으로 삼는 새로운 시도를 하고 있었다. 파리 유학 초기에 인상주의, 자연주의, 상징주의를 흉내 내면서 변화를 모색하던 뭉크가 니스에서는 자신만의 예술 세계를 구축해 나간 것이다.

노르웨이의 대문학가 비욘스티아르네 비욘손Bjørnstjerne Bjørnson은 "뭉크가 파리가 아닌 니스에서 장기 체류를 하는 것은 국비 장학생으로서 본분을 잊고 국비를 낭비하는 것이다"라며 공개적으로 비판하기도 했다. 그러나 니스 시절은 뭉크가 세계적인 예술가로 한 발짝 도약하는 데 있어 아주 중요한 시간이었다. 이를 증명이라도 하듯, 뭉크가 유학을 마치고 노르웨이로 돌아올 때쯤 그는 이미 새로운 예술의 경지에 도달하고 있었다.

다시 돌아온 몽파르나스의 예술가

뭉크는 1896년에 또다시 파리를 찾는다. 자신의 작품을 세계 미술의 중심지에서 평가받고 싶은 마음과 함께 새롭게 흥미를 가지게 된 판화에 대한 탐구와 실험을 계속하고자 하는 의도가 컸다.

1895년에 크리스티아니아의 블롬크비스트 갤러리에서 열린 전시회에 대한 긍정적인 리뷰가 프랑스 아방가르드 미술 저널인 《라르뷔 블랑슈La Revue blanche》 11월호에 실린 일도 뭉크의 도전 의식을 고취시켰다. 같은 저널 12월호에도 〈절규〉 석판화에 대해 긍정적인 비평이 실렸는데, 이 글을 통해 뭉크는 파리에서도 성공할 수 있으리라는 자신감을 얻게 된다.

19세기 후반 파리에는 몽마르트르 지역을 중심으로 예술가들이 모여들었다. 여기에서 우리가 아는 인상주의, 상징주의, 입체파 등이 태동했다. 몽마르트르를 찾는 예술가들이 늘어나자 1890년대 무렵 이 지역의 물가는 자연스레 상승하게 된다. 그래서 신진 예술가들과 이방인들은 임대료가 싼 곳과 새로운 분위기를 찾아 몽파르나스를 중심으로 모여들고 있었다.

이런 분위기 속에서 파리에 도착한 뭉크도 몽파르나스에 아틀리에를 마련한다. 이곳에서 유학 시절 즐겨 찾던 루브르 미술관 앞의 레장스 카페까지 가기에는 너무 멀었기 때문에 뭉크는 아틀리에에서 가까운 뤽상부르 공원 일대의 카페를 자주 이용한다. 불리에Bullier 카페나 클로즈리 데 릴라Closerie des Lilas 레스토랑 같은 곳이 뭉크가 자주 찾았던 대표적인 곳이다. 이 두 곳은 현재까지도 그 자리에 남아 있다.

불리에 카페에서 다양한 파리 사람들을 만날 수 있었다. 우아한 파리지앵 노부인부터 캐주얼한 복장의 청년들, 말끔히 슈트를 차려입은 회사원, 작업복 차림의 노동자까지, 다양한 나이와 직업군의

불리에 카페의 내부

뭉크는 이곳에서 파리에 거주하는 북유럽 예술가들과 교류하며 타향살이의 외로움을 달랬다. 불리에 카페는 부담스럽지 않은 가격에 매우 안락하고 편안한 분위기의 카페 겸 레스토랑이다. 10대 후반의 젊은 손님들부터 우아한 파리지앵 노부인들, 슈트를 차려입은 회사원, 작업복을 입은 노동자들까지 다양한 손님들이 드나들었다.

〈아우구스트 스트린드베리〉 캔버스에 유채, 120×90cm, 1892, 스톡홀름 현대 미술관
스웨덴의 극작가 스트린드베리는 1892년 베를린의 검은 새끼 돼지 클럽을 통해 뭉크와 처음
인연을 맺었다. 뭉크보다 앞서 파리에서 명성을 얻고 있는 그는 뭉크가 파리 미술계에 입성하
는 데 도움을 주었다. 하지만 정신 이상 증세를 보여 뭉크와 거리를 두기 시작하면서 사이가
멀어졌다.

사람들이 차를 마시거나 간단한 식사를 하고 있었다. 홀로 앉아 와인을 음미하는 사람도 있었다. 고풍스러운 인테리어지만 무겁지 않은 분위기였고, 테이블 사이의 간격은 좁고 사람도 많았지만 이상하게 한적해 보이는 곳이었다. 이곳에서는 홀로 책을 보아도, 친구와 수다를 떨어도, 아니면 그냥 술 한잔 하며 쉬어 가는 것도 전혀 어색하지 않다. 이런 분위기는 한 세기 전 뭉크가 드나들 때도 마찬가지였을 것 같다.

뭉크는 카페에서 가까운 곳에 살던 작곡가 프레드릭 델리우스Fredrik Delius와 시인 빌헬름 크라그Vilhelm Krag, 베를린에서 친하게 지냈던 시그비욘 옵스트펠데르와 자주 어울렸다. 그리고 스트린드베리와도 자주 만났다. 스트린드베리는 1894년 이미 베를린을 떠나 파리에 정착해 있었고, 뭉크가 도착했을 즈음에는 파리에서 큰 명성을 얻고 있었다. 뭉크는 스트린드베리의 초상화를 판화로 만들었고, 스트린드베리는 뭉크의 작품에 대한 비평을 썼다. 그리고 둘은 독일 잡지 《퀵본Quickborn》의 소책자를 함께 제작하기도 했다. 1896년 여름 스트린드베리가 정신병 판정을 받아 사이가 멀어지게 전까지 그는 뭉크가 파리 예술계에 입성하는 데 중요한 도움을 준 인물이었다.

판화와 새로운 전시회

1896년 늦봄, 뭉크의 개인전이 파리 아르누보 갤러리에서 열렸다. 이 전시회에는 〈절규〉 〈마돈나〉 그리고 〈뱀파이어〉 등 그의 가장 대표적인 작품들을 포함한 60점의 작품이 출품되었는데, 회화가 12점, 드로잉이 6점, 판화가 42점이었다. 이 중에서 회화 8점과 판화 14점은 '사랑'이라는 하나의 타이틀로 묶여서 전시되었다. 뭉크는 그림들이 개별적으로 전시되는 것보다 함께 묶여서 전시된다면 그림이 보다 더 잘 이해될 수 있고 임팩트 또한 더 커질 것이라고 생각했다.

이 전시회에서 뭉크가 처음으로 '사랑' 시리즈에 판화를 포함시켰다는 것도 주목할 만하다. 그는 다양한 기법으로 만들어진 방대한 양의 판화를 이 전시회에서 처음으로 공개했는데, 한 가지 모티프를 회화와 판화라는 서로 다른 매체로 함께 보여주었다는 데 특별함이 있었다. 회화와 판화의 혼합 디스플레이는 다양한 예술 재료의 미적인 상호 교환을 강조하는 아르누보 갤러리의 모토를 잘 보여주는 것이었다. 이 같은 전시를 시도하는 데 마이어-그레페의 도움이 컸다. 예술 비평 잡지 《팡PAN》의 편집장을 맡고 있던 그는 한때는 뭉크와 함께 검은 새끼 돼지 그룹의 일원으로 활동했다.

결국 이 전시회를 통해 뭉크가 판화에 남다른 재능이 있다는 것이 여실히 드러났다. 이후 그의 예술에서 판화는 더욱 중요한 역할을 차지하기 시작한다. 마이어-그레페는 살롱전에 대항하여 생겨난 앙데팡당 전시회Salon des Independants에서 신인 작가들이 파격과 자유로운 화풍으로 주목을 끌고 유명해진 것처럼, 뭉크의 예술 역시 아르누보 갤러리 전시회를 통해 좀 더 널리 인정받을 것으로 예상했다. 하지만 이 전시회는 기대했던 것만큼 파리 예술계의 주목을 끌지 못했다.

악재도 있었다. 샤를 보들레르Charles Baudelair의 시집 『악의 꽃』의 삽화를 그려달라는 의뢰가 들어온다. 뭉크는 의욕적으로 이 일에 참여하려고 했으나 출판사 담당자가 갑자기 사망하는 바람에 프로젝트가 중단되고 말았다. 또 헨리크 입센의 공연 포스터 제작 등 여러 전시회와 주문들로 분주하기는 했지만 크게 빛을 발하지는 못했다. 그러다 보니 경제적 어려움도 뒤따랐다. 게다가 도박으로 남은 돈까지 전부 잃게 된다.

결국 친구와 나눠 쓰던 아틀리에 임대료마저 지불하지 못할 정도로 궁핍해졌다. 할 수 없이 방을 나오게 되는데, 집주인은 뭉크가 밀린 월세를 떼먹고 도망갈까봐 입구에서 지키고 있었다. 뭉크는 주인 몰래 창문을 통해 도망쳐버렸고, 그때 창문 너머로 던진 그림이 망가졌다는 이야기도 전해진다.

그렇게 아틀리에에서 도망치듯 나온 뭉크는 작은 호텔로 거처를 옮기게 되는데, 그 호텔과 가까운 곳에 오귀스트 클로Auguste Clot의 판화 인쇄소가 있었다. 이 판화 인쇄소는 드가, 세잔, 르누아르, 르동, 보나르 등 유명한 예술가들의 판화 작품들을 제작한 곳이었다. 뭉크 역시 이곳에서 〈아픈 아이〉의 석판화를 찍는다. 그는 포맷과 모티프를 변형하고 색감을 달리 하는 등 실험적인 시도를 통해 다양한 버전의 〈아픈 아이〉 판화를 제작했다.

1897년 봄이 끝날 무렵, 뭉크는 노르웨이로 돌아간다. 당시 뭉크는 관세와 화물 운송비를 낼 돈이 없어서 판화들과 판화 제작 용품들을 한동안 파리의 철도역에 보관해두어야 할 정도로 경제적 어려움을 겪고 있었다. 곧 다시 파리로 가서 작품 활동을 재개할 생각이었지만 그런 일은 일어나지 않았다.

파리에서의 장기간 체류는 더 이상 없었지만 뭉크는 종종 파리를 방문했다. 이듬해인 1898년 파리 살롱전에도 참여했고, 1899년 봄 툴라와의 유럽 여행 도중에도 파리에 들렀다. 또 1902년 봄에 참여한 베를린 분리파 전시회가 호평을 받으며 든든한 독일 후원자들을 확보하게 되는데, 이들은 뭉크가 매년 한 번씩은 파리에 가서 전시회도 열고 새로운 자극도 받고 오길 원했다. 그렇게 뭉크는 1903년과 1904년 살롱전에 참가하고, 1905년에도 파리를 방문했다. 1905년 이후에는 독일 곳곳에서 그림 주문이 늘어나고 신경 쇠약이 심해지면서 독일에 머무르는 시간이 많았고, 1909년 노르웨이로 돌아와 정착한 이후로는 여행 자체를 그리 즐기지 않았다. 그러나 1912년과 1920년, 1926년에 전시회와 여행으로 다시 찾는 등 뭉크는 말년까지 파리를 방문했고, 평생 파리를 그리워하며 살았다.

뭉크에게 파리는 꿈 같은 도시, 동경의 도시였다. 그러나 파리 화단의 장벽은 높았다. 최신 미술 사조들이 태동하고 천재들이 난무하던 당시의 파리에서 뭉크는 큰 획을 긋지 못했다. 분명 뭉크는 기존의 미술 사조를 넘어서는 예술의 새로운 흐름을 감지하고 그것을 발전시키는 재능이 있었고 새로운 매체를 실험해보는 노력도 기울였지만, 당시 파리지앵의 눈길을 끌지는 못했던 것이다.

하지만 한편으로 파리에서 힘들었던 시간이 있었기에 뭉크가 더욱 발전할 수 있지 않았을까 하는 생각도 해본다. 생 클루에서 아버지의 죽음으로 깊은 상념에 빠졌던 시간, 니스에서 보낸 외로운 시간들이 없었더라면 뭉크의 작품들은 탄생하지 못했을지 모른다. 아르누보 갤러리에서의 전시회가 성공했더라면 뭉크는 더욱 유명해 졌을지 모르지만, 〈생의 프리즈〉 같은 작품은 탄생하지 못했을 것이다.

삶의 거대한 교향곡 〈생의 프리즈〉

인생의 장면들을 모으다

베를린과 파리를 거쳐 1897년 늦봄, 뭉크는 노르웨이로 돌아온다. 그리고 이듬해 매년 여름 임대하던 오스고쉬트란드의 작은 어부의 집을 구입하고, 그곳에 정착한다. 베를린과 파리에서 다양한 예술적·철학적 자극을 받고 화풍을 실험하면서 자신만의 예술관을 정립한 뭉크는 한적하고 평화로운 고요가 깃든 해변 마을에서 새로운 시도를 준비했다. 1890년대에 발전시킨 자신의 예술을 집대성하는 작업에 몰두했다.

1890년대 초반 뭉크는 그림을 하나씩 완성하면서 이들 그림을 관통하는 거대한 흐름을 감지한다. 그러면서 그림 하나하나를 개별적으로 보는 것보다 이들을 함께 묶어서 본다면 자신이 표현하고자 하는 바를 더욱 효과적으로 전달할 수 있을 것이라는 데까지 생각이 미친다. 그렇게 하여 1890년대 초반부터 하나의 제목 아래 그림들을 그룹으로 묶어 전시하는 시도를 한다. '사랑'부터 시작하여 점차 '불안과 죽음'까지 주제가 확대된다. 이때부터 〈생의 프리즈〉 연작이 구상되고 있었다. 〈생의 프리즈〉라는 이름은 1918년에나 확정되었지만, 인생에 관한 연작 생각은 1880년대 말부터 뭉크의 머릿속에 있었다. 뭉크는 〈생의 프리즈〉가 탄생하게 되는 과정을 이렇게 회고했다.

> 나는 나 자신에 대한 그림들을 그릴 때 언제나 최선을 다했다. 나는 그 그림들을 모아보았을 때, 각각의 그림들이 내용적으로 서로 연결되어 있다는 것을 느꼈다. 그 그림들이 전시되자 그림들 사이에서 하나의 울림이 터져 나왔고, 그림들이 따로따로 있을 때와는 완전히 달랐다. 그것은 교향곡이 되었다. 그렇게 나는 '생의 프리즈'를 그리게 되었다.
>
> — 뭉크의 노트(MM N 46, 1930~1934)

뭉크가 〈생의 프리즈〉에서 다룬 주제들은 크리스티아니아 보헤미안 그룹에서 논의된 철학적 개념들이 그 씨앗이었다. 앞에서 이야기한 것처럼 예게르는 자유연애의 이상적인 원리를 설파했고, 동료들에게 외도를 해보고 그 느낌을 기록하라며 권했다. 1885년 3주간의 프랑스 여행을 마치고 돌아온 뭉크는 예게르와 더욱 가까워지면서 그들로부터 많은 영향을 받게 된다.

뭉크는 예게르의 권고대로 수많은 노트와 편지, 드로잉을 통해 자전적인 기록을 남기게 되는데, 현재의 경험뿐만 아니라 과거의 경험을 기록하고 그것을 거듭 수정하며 다시 쓰기도 했다. 첫사랑 밀리에 대한 절절한 감정과 아버지의 죽음으로 되살아난 어머니와 누이의 죽음에 대한 기억이 〈생의 프리즈〉의 일차적 소재가 되었다.

이 연작의 시작은 파리 유학 중 생 클루에서 '현대인들의 정신적인 경험에 대한 그림 시리즈'를 구상하고 그 스케치를 하면서부터이다. 이때 그는 여러 그림들이 서로 연결되어 있고, 탄생부터 죽음까지 인간의 전체 삶에 대한 모티프를 보여주는 시리즈를 생각했다. 이렇게 점차 구체화되어가던 모티프들이 〈여름밤의 꿈/목소리〉〈키스〉〈칼 요한 거리의 저녁〉〈절규〉와 같은 작품들로 나타났다.

뭉크가 검은 새끼 돼지의 그룹의 멤버들과 어울리면서 〈생의 프리즈〉의 주제는 더욱 구체화된다. 검은 새끼 돼지 그룹의 멤버들은 크리스티아니아 보헤미안들과 유사한 철학을 공유했다. 그들은 특히 여성의 신비로운 매력, 출산, 나이 듦에 따른 태도의 변화, 관능성, 그리고 팜파탈 등을 분석하기 위해 주관적이고 개인적인 경험을 이용할 것을 강조했다. 뭉크는 이 무렵부터 여자의 신비롭고 다채로운 특성을 그림에 드러내기 시작했다. 〈마돈나〉〈뱀파이어〉〈스핑크스/여자의 세 단계〉와 같은 그림이 대표적이다.

뭉크가 그림들을 묶어서 전시하기 시작한 것은 1893년 12월, 베를린에서 열린 전시회에서부터다. 그림 5점을 묶어 전시했는데, 이중 〈여름밤의 꿈/목소리〉〈키스〉〈뱀파이어〉〈질투〉 등 4점의 그림은 확인되었고, 나머지 1점의 그림은 카탈로그에 〈마돈나의 얼굴 Madonna-gesicht〉이라고 표기되어 있어, 현재는 유실된 〈마돈나〉의 또 다른 버전으로 추측된다. 이 전시회에 사용된 그림들은 『에드바르 뭉크의 작품들』의 근간이 된다.

1894년 가을, 뭉크는 스톡홀름 전시회 출품작 중 15점의 그림을 묶어 '사랑 분위기의 습작 시리즈'라고 이름 붙인다. 이 15점의 그림에는 새로운 모티프들이 등장하기도 하지만, 〈키스〉〈뱀파이어〉〈마돈나〉의 경우 같은 이름의 두 가지 버전들이 동시에 전시되었다는 점이 흥미롭다.

앞에서 이야기했듯이 1896년 파리로 떠난 뭉크는 판화에 심취하여 여러 가지 실험과 도전을 시도했고, 많은 수의 판화를 찍어냈다. 1896년 이미 뭉크는 '사랑Kjærlighet'이라는 제목으로 판화 시리즈를 만들었고, 이어 이 시리즈를 '거울Speilet'이라는 제목으로 더욱 발전시켰다. 이렇게 판화 작업에 몰두한 결과, 1896년 아르누보 갤러리 전시회에서 '사랑'이라는 연작 안에 회화와 함께 다수의 판화 작품을 포함시키는 시도를 처음으로 선보이게 된다.

〈생의 프리즈〉, 첫선을 보이다

1901년 11월, 뭉크는 조용한 주택가 지역인 루초우스트라세 82번지에 아틀리에를 마련하고 이듬해 봄에 있을 베를린 분리파 전시회를 준비한다. 이전과 달리 뭉크는 독일 예술계와 적극적으로 접촉했고, 이를 통해 독일에서 자신의 입지를 공고히 해 나갔다. 독일의 지인들을 통해 '사랑과 죽음을 다룬 그림 서클'을 전시해달라는 요청을 받기도 하는데, 이것이 후에 〈생의 프리즈〉로 알려지는 연작의 시초이다.

뭉크의 아틀리에가 있던 루초우스트라세 82번지

1901년 재기를 꿈꾸며 베를린으로 돌아온 뭉크는 루초우스트라세 82번지에 아틀리에를 임대하여 〈생의 프리즈〉 완성에 집중한다.

EDVARD MUNCH

이렇게 하여 1902년 봄, 베를린 분리파 전시회에서 〈생의 프리즈〉가 처음으로 전체적인 모습을 갖춰 전시된다. 이 전시회에서 뭉크는 '일련의 인생 모습 시리즈Darstellung einer Reihe von Lebensbildern'라는 제목으로 사랑뿐만 아니라 병과 죽음의 주제들도 함께 들어간 16점의 회화와 다수의 판화를 전시했다. 전시실의 네 벽면을 따라 '사랑의 씨앗Kjærlighetens kime' '꽃피고 사라지는 사랑Kjærligheten som blomstrer og forgår' '삶의 불안Livsangst' '죽음Død'이라는 4개의 그룹으로 그림을 나누어 전시했는데, 뭉크는 이 연작을 통해 생명의 탄생에서부터 죽음까지 인간의 일생을 보여주고자 했다.

그리고 "나는 예술로 삶과 그것의 의미를 설명하고자 노력한다. 그래서 내 그림들이 다른 이들에게 자신의 삶을 좀 더 명확하게 하는 데 도움이 되길 바란다"라고 의미를 부여했다.

이렇게 세상에 첫선을 보인 뒤 뭉크는 연작의 변화와 발전을 계속 추구한다. 1903년 라이프치히에서 순회 베를린 분리파 전시회를 개최했고, 1904년엔 크리스티아니아 디오라마 전시회에서 90점의 출품작 중 18점의 회화를 묶어 〈프리즈. 현대 정신의 삶으로부터의 모티프들Frise. Motiver fra det moderne Sjæleliv〉이라는 연작을 선보였다. 1905년 2월에서 3월 사이에 프라하에서 열린 전시회에서는 〈서클로부터: 인생Fra syklusen: Livet〉이라는 이름으로 연작을 전시했다.

이렇듯 1902년 베를린에서 〈생의 프리즈〉의 완성체를 처음 선보인 이후 뭉크는 연작의 매력과 효과에 더욱 심취했고, 뭉크의 후원자들도 뭉크가 개별 그림뿐만 아니라 연작에 탁월한 재능과 열정이 있다는 것을 이해하게 된다. 이후 뭉크는 연작 작업을 여러 번 주문받게 되는데, 그리하여 1904년에는 〈린데 프리즈Linde-frisen〉를, 1907년에는 〈라인하르트 프리즈Reinhardt-frisen〉를, 1916년에는 오슬로 대학 강당 벽화를, 1922년에 〈프라이아 프리즈Freia-frisen〉를 완성하게 된다. 1930년 심각한 눈의 이상으로 결국 실현되지는 못했지만, 오슬로 신新청사의 벽화 제작자로도 뭉크가 비중 있게 거론되었고, 이를 위한 초안 스케치들이 남아 있다.

〈생의 프리즈〉를 집대성하다

1900년대 초반, 인생 연작을 여러 번 전시했던 뭉크는 이후 한동안 심각한 신경 쇠약과 알코올 중독으로 고통받았고, 회복 후에는 오슬로 대학 강당 벽화 작업에 온 에너지를 집중하느라 연작에 대한 고민은 멈춘 듯했다.

그러나 1918년 10월, 뭉크는 블롬크비스트 갤러리에서 매우 특별한 전시회를 연다. 이 전시회에서 뭉크는 회화 20점과 약 70점의 스케치와 수채화를 포함하는 인생 연작을 선보이고, 이를 처음으로 '생의 프리즈'라고 이름 붙인다.

'프리즈'는 건물 내부나 외부 벽 윗부분에 그림이나 부조 조각이 일렬로 연결된 띠 모양의 장식을 말하는데, 띠 벽지를 떠올리면 이해하기 쉬울 것이다. 같은 테마의 그림들을 전시실 벽에 길게 일렬로 전시한 모습에서 띠 모양의 프리즈를 착안했을 것으로 생각된다. 이 전시회에 관해 어떤 사진도 남아 있지 않아 전시 형태를 정확히 알 수는 없지만, 그림들이 마치 띠 장식처럼 벽에 높이 매달려 있고 그 아래에 수많은 스케치들이 붙어 있었을 것으로 예상할 수 있다.

뭉크는 이 전시회 카탈로그의 서문에서 이 연작을 다시 선보이는 이유를 직접 언급한다. 첫째, 이 연작은 잊히기엔 너무나 아까운 그림들이고, 둘째, 자신에게 예술적으로 매우 의미 있는 그림들이기에 한꺼번에 모인 완전체의 모습을 스스로 보고 싶었다는 것이다.

이 전시회에 대한 평가는 엇갈렸다. 많은 평론가들이 제작 시기가 다른 작품들을 모아놓은 것, 장식적인 면에서 어울리지 않는 작품들이 함께 걸려 있는 것을 지적했다. 뭉크는 이에 대한 답변을 한 신문에 기고했다. 원래 계획은 이 '생의 프리즈'를 여러 개의 방에 테마나 종류별로 나누어 전시하는 것이었지만 블롬크비스트 갤러리의 공간적 문제 때문에 이를 실현할 수는 없었다고 말이다. 이번 전시는 이런 작품들이 하나로 묶일 수 있다는 것을 보여주려는 정도였다면서 글을 마무리했다.

뭉크는 〈생의 프리즈〉를 통해 작품은 고정된 것이 아니라 어느 곳에 전시되느냐에 따라 변화하고 조정될 수 있다는 것을 사람들에게 알리는 것이 목표였다. 이렇게 그는 〈생의 프리즈〉의 유연성과 유동성을 강조함으로써 어떤 단체나 기관의 공간에라도 〈생의 프리즈〉를 장식할 수 있다는 가능성을 열어두었다.

한편 당시 신문 기사나 1919년에 뭉크가 펴낸 「생의 프리즈」라는 소책자에 따르면, 1918년 전시회 카탈로그에는 언급되지 않고 전시된 그림이 3점 더 있었는데, 바로 〈이별〉〈스핑크스/여자의 세 단계〉〈마돈나〉이다. 논란의 여지가 있고 불확실한 점이 없지 않지

만, 어쨌든 완성체 〈생의 프리즈〉에서 〈절규〉〈불안〉〈마돈나〉〈뱀
파이어〉〈병실에서의 죽음〉과 같은 뭉크의 대표작들은 빠지지 않
고 등장한다. 물론 뭉크의 주요 대표작들은 여러 버전이 존재하기
때문에 전시 때마다 동일한 버전의 작품들이 묶여서 전시되었다고
볼 수는 없다. 이러한 점에서도 〈생의 프리즈〉가 가지고 있는 유연
성과 유동성을 엿볼 수 있다.

뭉크가 살던 시대에는 화가들이 그림에 담을 모티프, 주제, 화풍,
기법에 집중했을 뿐 그림을 어떻게 전시하고 어떻게 보여줄 것인지
에 대한 생각은 크게 중요하게 여겨지지 않았다. 그러나 뭉크는 그
림 자체도 중요하지만 그림 하나하나가 모여서 어떻게 조화를 이루
는지, 어떻게 배치해야 가장 효과적으로 자신의 의도를 전달할 수
있을지에 대해서도 관심을 가졌다. 뭉크는 그림에서뿐만 아니라 전
시 기획과 디자인에서도 시대를 앞서간 예술가였다.

또 뭉크가 고심하던 '건축적 틀 안에서 그림과 공간과의 합치'는
현대 미술의 '설치 미술'에 가까운 개념이 아니었을까 싶다. 뭉크가
꿈꾸었던 '공간과 완벽하게 조화된 〈생의 프리즈〉'의 재현이 실제
로 일어나지 못한 것이 못내 아쉽다.

뭉크는 30년 넘게 인생에 관한 연작을 전시했지만, 이 연작은 결
코 고정불변한 것이 아니었다. 뭉크 스스로도 인생을 살면서 인생
의 주요 장면과 인생관이 끊임없이 바뀌었기 때문이 아니었을까.
그럼에도 뭉크에게 '생의 프리즈' 콘셉트는 그의 창조의 원동력이
되었다. 이 콘셉트는 그에게 평생 동안 영감을 주었고, 뭉크는 회화

노르웨이 국립 미술관의 뭉크 전시실

노르웨이 국립 미술관은 뭉크의 주요 작품들을 소장하고 있는데, 이들을 한 전시실에 모아 전시하고 있다. 이 전시실은 미술관의 상설 전시장 가운데 가장 인기 있으며, 이곳을 방문한 사람은 누구라도 뭉크의 걸작들에 매료된다.

나 드로잉, 판화 등 다채로운 매체를 넘나들며 자신의 생각과 감정을 표현해냈다.

〈생의 프리즈〉의 출품 그림들과 완전히 일치하지는 않지만, 노르웨이 국립 미술관의 뭉크 전시실에 걸려 있는 다수의 그림들이 〈생의 프리즈〉에 포함되었던 그림들이다. 때문에 이 전시실에 들어서면 마치 1902년 베를린 분리파 전시회에서 〈생의 프리즈〉를 처음 선보인 때를 마주하는 것 같은 기분이 든다. 〈생의 프리즈〉는 뭉크 자신의 개인적인 경험을 바탕으로 한 것이지만, 이 작품에는 인간의 삶에 대한 애정 어린 연민, 성찰, 철학이 담겨 있다. 뭉크의 그림이 오늘날까지도 많은 사람들에게 공감을 불러일으키고, 사랑을 받는 이유가 여기에 있을 것이다.

성공 속에서 커져가는 지옥

지독한 불안증에 시달리다

　40대를 앞두면서 뭉크의 신경이 더욱 쇠약해진다. 분명 툴라와
의 예상치 못한 이별이 기폭제가 되었을 것이다. 하지만 뭉크의 내
면에 항상 잠재하고 있었던 비관적인 사고관, 불안감이 그를 벼랑
끝으로 몰고 갔다는 사실도 부정할 수 없다.

　이렇게 심리가 불안정한 와중에 뭉크는 독일에서 〈생의 프리즈〉
전시로 유명세를 타기 시작한다. 독일 전역에서 그림 주문이 들어
옴에 따라 뭉크는 성하지 않은 몸과 정신 상태에서도 여행길에 오
르며 작업을 계속할 수밖에 없었다. 이런 불안정한 생활로 뭉크의
정신은 더욱더 피폐해졌다. 작품의 성공이 한편으로는 그를 지옥으
로 몰아넣고 있었던 것이다.

　1902년, 총기 오발 사고 이후 마음이 완전히 치유되지 않은 상태
에서 뭉크는 독일로 떠난다. 그는 뤼벡에 있는 막스 린데Max Linde의
집을 찾아간다. 린데는 부유하고 예술에 조예가 깊은 안과의사인

데, 뭉크의 후원자였다. 린데는 『에드바르 뭉크와 미래의 예술*Edvard Munch und die Kunst der Zukunft*』(1902)이라는 책을 출간할 정도로 뭉크의 예술을 깊이 이해하고 있었다. 그뿐만 아니라 그는 경제적으로·심리적으로도 뭉크에게 도움을 주고 싶어 했다. 뭉크가 심리적 안정을 찾는 데 도움이 되리라고 생각하여 자신의 집에 머무르게 한다. 이후에도 린데는 뭉크가 원할 때마다 자신의 집에 머무를 수 있도록 배려해주었다.

1904년 뭉크가 다시 린데의 집을 방문하자, 린데 부부는 아이들의 방을 꾸밀 목적으로 뭉크에게 여러 장의 그림을 주문한다. 부부는 아이들의 방에 걸 그림이니, 남녀 간의 애정이나 우울, 불안 같은 주제는 피해달라고 부탁한다. 하지만 뭉크는 오스코쉬트란드의 해변 풍경을 배경으로 멜랑콜리한 젊은이들의 모습이나 키스하고 포옹하는 연인들의 모습을 담은 모티프들도 포함시켜버렸다. 린데 부인은 그림이 너무 선정적이라며 구매할 의사가 없다고 밝힌다. 이 그림이 바로 〈린데 프리즈〉이다. 뭉크의 경제적 사정을 고려한 린데는 〈린데 프리즈〉 대신 〈다리 위의 소녀들〉을 구입한다.

〈린데 프리즈〉에서 새로운 모티프가 눈에 띄는데, 바로 정원 일을 하는 소녀들의 모습이다. 이는 뭉크가 린데의 저택에서 머무는 동안 정원 일을 하는 어린 하녀들의 모습을 보고 영감을 받아 그린 것이다. 〈린데 프리즈〉의 대부분은 뭉크 미술관에 소장되어 있다.

한편, 린데는 뭉크가 자신의 집에 머무는 동안 건강해질 것을 기대했지만 뭉크는 매일같이 술을 마셔댔다. 신경 쇠약을 무디게 하기 위해서라는 핑계를 대면서 말이다. 뭉크는 스스로 '술로 성을 쌓

〈꽃에 물을 주는 소녀들〉(린데 프리즈) 캔버스에 유채, 99.5×80cm, 1904, 뭉크 미술관

뭉크는 린데의 집에 머물면서 정원 일을 하는 하녀들의 모습을 그림에 담아냈다. 몸과 마음이 모두 황폐해진 상황에서도 이전에는 볼 수 없던 새로운 모티프를 선보이는 등 창작에 대한 열정만은 사그라지지 않았음을 느낄 수 있다.

았다'라고 할 정도로 알코올에 의존한다.

　뭉크는 베를린에서 미술 평론가 구스타브 쉬플레러Gustav Schiefler를 만나게 되는데, 뭉크의 작품에 큰 감명을 받은 쉬플레러는 뭉크의 예술 활동뿐 아니라 생활과 건강까지 여러모로 신경을 많이 써 주었다.

　주위 사람들의 도움에도 불구하고 뭉크의 정신 상태는 최악으로 치닫고 있었다. 이때의 심정을 짐작할 수 있는 그림이 바로 〈지옥에서의 자화상Selvportrett I Helvvette〉(1903)이다.

　어지럽게 검붉은 색으로 칠해진 배경은 화염이 치솟는 듯 공포감과 불안감을 조성하고, 뭉크는 벌거벗은 채로 서 있다. 그의 뒤로 검푸른 그림자가 높고 거대하게 화면을 차지하며 마치 그를 집어삼킬 듯이 바싹 붙어 있는 모습에서 불안감이 증폭된다. 뭉크의 얼굴은 마치 화상을 입은 것처럼 검붉게 뭉개져 있는데, 눈만은 똑바로 정면을 노려보고 있다. 이 강렬한 눈빛은 삶은 정녕 지옥이지만 그 속에서 살아남겠다는 결연한 의지를 보여주는 듯하다.

　1903년 3월, 뭉크는 몸과 마음을 쇄신할 목적으로 파리로 떠난다. 뭉크의 후원자들도 뭉크가 파리에 가서 세계 화단의 동향도 둘러보고 예술적 자극도 받고 오기를 내심 바라고 있었다. 그런데 파리에서 생각지도 못한 운명적인 만남을 하게 된다.

　파리에 사는 친구들과의 모임에서 영국계 바이올리니스트 에바 무도치를 만나게 된 것이다. 그는 그녀와 급속도로 가까워지지만, 얼마 지나지 않아 뭉크는 오스고쉬트란드로 돌아가게 된다. 그가 그녀와의 새로운 만남을 뒤로하고 노르웨이로 돌아온 것은 오스고

〈지옥에서의 자화상〉 캔버스에 유채, 82×60cm, 1903, 뭉크 미술관

"내가 태어날 때부터 불안과 슬픔과 죽음의 사신들이 내 옆에 서 있었다.
저녁에 눈을 감을 때면 그들은 내 옆에 서서 죽음과 지옥, 그리고 영원한 징벌로 나를 위협한다."

— 뭉크의 노트(MM T 2759, 연대 미상)

영국계 바이올리니스트 에바 무도치

1903년 뭉크는 파리에서 영국계 바이올리니스트 에바 무도치를 만나면서 툴라를 잊고 새로운
사랑을 시작하려 했다. 그러나 이들의 관계도 그리 오래가지는 못했다.

쉬트란드의 작은 집에서 마음 편히 쉬고 싶었기 때문이다.

1904년 가을, 연주회 때문에 크리스티아니아를 방문한 무도치는 뭉크에게 자신의 생일파티에 와 달라고 초대한다. 그러나 뭉크는 크리스티아니아엔 너무나 많은 분노가 서려 있고, 곳곳에 유혹이 도사리고 있는 데다 '적'들과 마주치고 싶지 않다며 거절한다. 결국 이들의 관계는 얼마 가지 못하고 끝나버린다. 뭉크의 변덕스럽고 신경질적인 태도 역시 이들의 관계가 지속되는 걸림돌이 되었을 것이다. 비록 무도치와의 연인 관계는 짧게 끝나고 말았지만, 뭉크는 음악가로서의 무도치를 존경하며 수년 동안 편지로 안부를 주고받는다.

평화로울 것만 같던 오스고쉬트란드의 생활에 뭉크의 신경을 곤두서게 하는 사건이 발생한다. 1904년 10월 23일, 진도 5.4 규모의 지진이 오슬로 피오르 지역에 일어난 것이다. 당시 뭉크는 오스고쉬트란드에서 멀지 않은 호르텐Horten의 호텔에서 묵고 있었는데, 건물이 흔들리는 걸 느끼고 부랴부랴 호텔에서 빠져나온다. 이 사건으로 뭉크의 불안증은 한층 더 심해졌고, 뭉크는 독일로 떠나버린다.

니체의 초상

1904년 뭉크는 케슬러 백작의 초대로 바이마르를 방문하게 되었을 때 니체의 동생 엘리자베트 푀르스터-니체Elisabeth Förster-Nietzsche를 만나게 된다. 그녀는 니체 아카이브를 관리하며 니체의 저작과 사상을 홍보하는 일을 하고 있었다.

이때 뭉크는 스웨덴의 예술품 수집가 에르네스트 티엘과도 만나게 된다. 그는 독일과의 사업을 통해 부를 축적한 은행가로 니체의 대단한 애호가였다. 티엘은 바이마르 미술관 관장의 초대로 바이마르를 방문한 차였다.

뭉크는 니체의 사상에 대해선 이미 베를린 시절부터 알고 있었다. 프시비셰프스키와 같은 검은 새끼 돼지 그룹 멤버들이 니체의 사상을 탐독했기 때문이다. 뭉크는 니체의 『즐거운 학문Die fröhliche Wissenschaft』(1882)과 니체의 동생이 쓴 『니체의 일대기Das Leben Friedrich Nietzsches』(1904)를 읽었다고 한다.

1905년 여름, 뭉크는 코펜하겐에 머물고 있을 때 티엘로부터 니체의 초상화 주문을 받게 된다. 엘리자베트의 아이디어였기 때문에 그녀가 티엘과 뭉크 사이에서 조율하는 일을 담당했다. 뭉크와 엘리자베트가 주고받은 여러 통의 편지가 남아 있어 그녀가 초상화 제작에 중요한 역할을 했음을 알 수 있다.

그해 10월 말, 뭉크는 초상화를 그리기 위해 바이마르로 돌아오는데, 건강 상태가 너무도 좋지 않았다. 그래서 그는 튀링거발트의 엘게스부르그 요양원에서 한동안 머무르며 건강을 추스른다. 이 시기에 뭉크는 현재 뭉크 미술관이 소장하고 있는 니체의 첫 번째 초상화를 그리게 된다.

1906년 뭉크는 다시 바이마르에 돌아온다. 예술가들과 문화계 인사들과 만나는 자리가 많아지면서 그의 건강은 다시 나빠지기 시작한다. 뭉크의 지인들은 뭉크가 바이마르에 있는 것은 그에게 도

〈프리드리히 니체〉 캔버스에 유채, 201×160cm, 1906, 스톡홀름 티엘스카 미술관

뭉크는 니체를 실제로 만난 적은 없지만, 니체의 여동생 엘리자베트에게 여러 사진 자료와 자문을 얻어 니체의 초상을 완성했다. 니체의 초상은 〈절규〉와 비슷한 배경과 분위기를 담고 있다. 구불거리는 선과 강렬한 색감으로 표현한 배경은 니체의 고뇌를 보여주는 것 같다.

움이 안 된다고 조언했다. 니체의 도시 바이마르에서 뭉크의 신경 쇠약은 점점 심해졌다. 어쩌면 뭉크는 니체의 사상에 심취한 나머지 니체에 자신을 대입하고 있었을지도 모른다. 니체 역시 건강이 좋지 못했고 마지막 10년 동안 심각한 정신병을 앓다가 생을 마감했기 때문이다. 그래서 뭉크는 마음의 안정을 찾고 건강 회복을 위해 바트 쾨첸 온천에 머무른다. 이 무렵에 스톡홀름 티엘스카 미술관이 소장하고 있는 니체의 두 번째 초상화를 완성한다.

니체의 초상화는 2점 모두 같은 구도를 보인다. 대각선으로 화면을 분할하는 경사진 길과 난간, 출렁거리는 배경은 〈절규〉의 구도와 유사하다. 아마도 〈절규〉의 스타일로 그려달라는 주문이 있었던 것으로 보인다. 그리고 니체가 왼손으로 난간을 잡고 서서 깊은 생각에 빠져 있는 듯한 모습을 그렸는데, 2점 모두 니체의 외모, 의복, 자세가 동일하다.

뭉크 미술관 소장의 초상화는 캔버스에 유채 물감과 템페라를 사용했다. 하늘에 붉은 구름의 표현이 강렬하고 난간과 길 역시 붉은 계통의 색감을 사용해서 전체적으로 붉은색이 지배적이며, 사용한 색감도 매우 원색적이다. 배경의 산과 들은 단순하게 표현했지만 짧고 힘찬 거친 붓 터치로 표면을 덧칠하여 단순한 구도 속에서도 단조롭지 않은 화면 질감을 보여준다.

유채로만 그려진 스톡홀름 티엘스카 미술관 소장의 그림은 첫 번째 초상화와는 달리 거친 붓 터치가 사라지고 화면의 질감이 좀 더 유려하고 매끈하다. 교회와 집 등의 건축물이 밀집해 있는 마을을 배경으로 그려넣어 배경 묘사의 디테일을 살렸다. 하늘은 전체적으로 노란색이고, 전체적인 색감은 한 톤 다운되어 있어 첫 번째 초상화에 비해 좀 더 차분한 느낌을 준다.

뭉크가 그린 2점의 니체 초상화는 분위기도 〈절규〉와 비슷하다. 엘리자베트가 집필한 『니체의 일대기』에는 그들이 어린 시절에 살았던 나움부르그 일대를 함께 산책한 구절이 나온다. "벌써 저녁 무렵이 되어가고 있었다. 유난히 아름다운 하늘은 노란빛이 도는 붉은색을 띠고 있었는데, 구름들은 깊고 어두웠다. 그것은 저절로 시선을 사로잡게 하는 자연의 색감이었다." 미술사가 에큠은 이 글귀에서 뭉크의 〈절규〉를 강하게 연상했다. 그는 큰 성공을 거둔 1902년 베를린 분리파 전시회를 포함하여 그 이후로 뭉크의 〈절규〉가 여러 번 독일에서 전시된 적이 있다는 점을 지적하며 아마도 엘리자베트가 뭉크의 〈절규〉와 과거의 추억을 강하게 연결했을 가능성을 언급하고 있다.

뭉크가 그린 니체의 초상화는 이후 니체를 대변하는 이미지가 되었다. 니체에 대한 시각적 자료로 니체의 사진보다 오히려 뭉크의 초상화가 더 많이 사용되고 있다. 사색에 빠진 니체의 모습과 그의 상념을 나타내는 듯한 강렬한 형태와 색의 배경이 니체의 인생과 사상을 잘 나타내고 있기 때문일 것이다. 이후에도 뭉크가 많은 유명인들의 초상화를 그렸지만, 니체의 초상화는 그중에서도 단연코 대표작이라고 할 수 있다.

정치적 혼돈 속 더욱 날카로워지는 뭉크

나폴레옹 전쟁의 패배로 1814년, 덴마크 왕국은 스웨덴 왕국에 노르웨이에 대한 지배권을 넘겨준다. 표면상으로 노르웨이는 스웨덴의 연합국이 되었지만, 독자적 외교권은 가질 수 없었다.

이에 1890년대 말부터 외교권을 되찾으려는 노르웨이 정부의 노력이 계속되었다. 1905년 2월 프란시스 하게룹Francis Hagerup 정부가 협상에 실패하면서 물러나고, 크리스티안 미켈센Christian Michelsen을 총리로 하는 새 정부가 들어선다. 이 새 정부는 국회에서 노르웨이가 외교권을 행사하는 안건을 만장일치로 승인시킨다. 그러나 스웨덴 연합 왕국의 왕 오스카르 2세가 이 승인을 거절하면서 두 국가 사이에 정치적 긴장이 최고조로 치닫는다.

오스카르 2세에 대한 불신으로 미켈센 정부와 국회는 6월 7일 한꺼번에 사퇴를 결정하는데, 이는 왕이 새 정부를 일정 기간 안에 다시 세우지 않으면 왕의 권리를 행사할 수 없다는 법률에 의거하여 미켈센 정부가 왕을 두고 배짱을 부린 것이다. 결국 오스카르 2세가 노르웨이에 대한 지배권을 포기하면서, 사실상 노르웨이는 스웨덴의 지배에서 벗어나게 된다. 1905년 8월, 노르웨이는 독립국 찬성 여부를 묻는 국민 투표를 실시했고, 99퍼센트가 넘는 노르웨이인들이 독립에 찬성함으로써 드디어 노르웨이 독립국이 탄생하게 된다.

노르웨이가 독립을 하기 전까지는 정치적·사회적으로 매우 불안한 상황이었고, 스웨덴과의 첨예한 정치적 긴장 상태에 놓여 있었다. 노르웨이 어디를 가도 사람들이 정치적 문제를 놓고 열띤 토론을 하는 분위기였다. 이미 스웨덴으로부터 독립할 준비를 하고 있던 노르웨이는 해외 언론에 노르웨이에 대한 여론을 환기시켰고, 혹시 모를 무력 충돌을 대비하기 위해 군사적 대비도 해놓은 상태였다. 독일에서 돌아와 오스고쉬트란드에 머물던 뭉크는 이와 같이 불안한 정치적 상황과 전쟁 위협에 점점 더 불안함을 느끼고 있었다.

5월 초에 콜만에게 보낸 편지에 뭉크는 스스로 건강을 챙겨야 할 것 같다고 썼고, 6월 중순 린데에게 보낸 편지에는 오스고쉬트란드에서 마음 편히 작업하길 기대한다는 구절이 나온다. 뭉크의 건강이 그다지 좋은 상태가 아니었음은 분명하다. 이런 와중에 오스고쉬트란드는 휴양객들로 북적였다. 그중에는 툴라의 친구나 크리스티아니아에서 알고 지내던 지인들도 있었다. 뭉크는 그들이 괜스레 신경이 쓰이고 화가 났다.

> 저녁이면 크리스티아니아 사람들이 이곳으로 점점 모여들고, 그들은 취할 때까지 마셔요. 그게 정말로 신경이 쓰여요. 그들 중 일부는 툴라의 사람들인데, 나에게 적의를 품고 있다는 게 느껴져요. 이제 나는 크리스티아니아 사람들에게서 거리를 두어야겠다는 생각이 들어요. 툴라를 중심으로 하는 모임의 사람들, 피 튀기는 불의를 저지르고 내 인생을 쓰라리게 한 그들 말이에요. 그들과는 영원히 단절할 거예요. 그리고 수년간 나를 쫓아다닌, 그 사악한 여자 때문에 생긴 이 신경 쇠약에서 벗어날 수 있는 특별한 방법도 찾아야겠다는 생각이 들어요.
>
> ─ 카렌 이모에게 보낸 편지(MM N 863, 1905)

뭉크의 신경 쇠약이 나날이 악화되던 어느 날, 그의 친구 화가 루드빅 카르스텐Ludvig Karsten이 배우 루드빅 뮐러와 함께 뭉크의 이웃에 여름휴가를 오게 된다. 뭉크는 그들과 자주 어울리면서 엄청나게 술을 마셔댔고, 언제나 전쟁에 대한 것을 안주 삼았다. 뭉크와 카르스텐은 술에 취하면 남자답고 용감한 것에 대해 경쟁하듯 흥분하며 이야기했다. 한번은 카르스텐이 물고 있는 담배를 뭉크가 총으로 쏘아 떨어뜨리는 내기를 한 적도 있었다. 후에 뭉크는 "카르스텐은 용감해서 그랬는지 몰라도 나는 미쳤었다"라고 회상하기도 했다.

카르스텐은 뭉크가 군대에 자진 입대하지 않은 일을 남자답지 못하다고 비난했다. 뭉크는 왼손을 다쳐서 군대에 갈 수는 없지만, 독일이나 다른 나라의 지인들을 통해 노르웨이의 상황을 다른 나라에 알리는 데 집중하겠다는 입장이었다. 하지만 카르스텐은 뭉크를 비겁하며 빈정거렸다. 이 같은 그의 발언은 뭉크의 신경을 거슬리게 했다.

한번은 뭉크가 전시회 때문에 해외에 갔다가 오스고쉬트란드에 돌아와 보니 카르스텐이 뭉크의 집에서 파티를 열어 술을 마시고 있었다. 크게 화가 난 뭉크는 카르스텐의 멱살을 잡아 뒤뜰로 내동댕이쳐버린다. 그런데 이 과정에서 뭉크는 또다시 왼손을 다치고 만다. 이 일로 뭉크의 신경은 무척 예민해지고 불안정해졌다. 이 싸움의 뒷수습과 사람들의 수군거림을 피해 뭉크는 바로 오스고쉬트란드를 떠나버린다. 이 이후로 뭉크는 수년 동안 오스고쉬트란드뿐만 아니라 노르웨이로 돌아오지 않는다.

술에 빠지고 공황에 빠지고

1905년 10월, 뭉크는 자신에게 초상화를 의뢰한 헤르베르트 에셔Herbertt Esche의 집에 도착한다. 에셔는 린데의 조언으로 뭉크에게 집을 장식할 여러 장의 그림을 주문하는데, 린데는 에셔에게 미리 뭉크의 작업 방식을 귀뜸해 주었다.

"뭉크는 좀 기이하지만 상상력이 풍부하고 좋은 사람이에요. 최고의 방법은 그가 하고 싶은 대로 놔두는 겁니다. 그는 천천히 몸을 녹일 것이고, 북유럽 특유의 냉정하고 내성적인 성향이 사라지면 위엄 있고 다방면에 교양 있는 사람을 만나게 될 겁니다. 뭉크는 몇 주 동안 캔버스에 붓도 안 대고 바라만 볼 수도 있습니다. '나는 머리로 그린다'라고 서툰 독일어로 자주 얘기하곤 했지요. 그는 언제나 오랫동안 머리에 다 입력한 후에 작업에 돌입하는데, 그가 생각한 것들이 갑자기 힘과 무게를 가지고 재빨리 형태를 잡아가게 됩니다. 그러면 그의 그림들은 며칠 후에 완성돼요. 그는 확실히 제시간을 맞춥니다. 그러니 그냥 그에게 맡기세요. 세부적인 것으로 그를 귀찮게 하거나 그가 생각하지 않은 무언가를 요구하는 것은 도움이 안 됩니다. 그럼 오히려 그림을 망치게 될 거예요."

에셔 가족은 이내 린데의 말을 이해하게 된다. 뭉크는 하루에 코냑을 한 병씩 마셨고, 아침 식사를 한 이후에는 아무 말도 하지 않고 집을 떠나 카페에서 하루를 보내기도 했다. 3주가 지나서야 뭉크는 그림을 그리기 시작했는데, 서로 다른 크기의 캔버스를 놓고 동시에 작업하면서 며칠 만에 모든 그림을 완성해냈다.

연극 「유령」의 무대 디자인 스케치

밑 작업하지 않은 캔버스 위에 템페라, 61×99.5cm, 1906, 바젤 미술관
도이치 극장의 극장장 막스 라인하르트로부터 주문받아 작업한 연극 「유령」의 초연을 위한
무대 디자인이다. 뭉크는 이 작품의 주인공 오스발드를 자신과 동일시했다. 불행한 유전병을
가진 화가라는 점이 그와 같았기 때문이다.

1906년 여름, 베를린에 돌아온 뭉크는 도이치 극장의 극장장 막스 라인하르트로부터 입센의 「유령Gengangere」(1881)의 초연을 위한 무대 장식을 주문받는다. 뭉크는 「유령」의 주인공 오스발드가 유전병을 앓고 있는 것처럼, 자신 또한 아버지의 신경 쇠약을 물려받았다고 생각했다. 이런 그의 생각은 정신병으로 고통받던 동생 라우라를 보면서 더욱 심해졌다. 라우라처럼 결국 정신 분열증과 무기력증에 걸려 생을 마감하게 되는 건 아닌지 염려하며 항상 불안에 떨었다. 온갖 부정적인 생각으로 뭉크의 신경은 더욱 예민해졌다. 뭉크는 무대 소품 하나하나에 아주 예민하게 굴었고 신경을 곤두세웠다.

뭉크의 알코올 중독 역시 나아지지 않았다. 이 무렵에 그려진 〈와인과 함께 있는 초상Selvportrett ved vinen〉(1906)에도 혼자 술을 마시는 장면이 등장한다. 창밖이 환하고 손님이 아무도 없으며 다른 탁자들이 깨끗이 비어 있는 것으로 보아 레스토랑이 문을 연 지 얼마 되지 않은 이른 시간인 듯하다. 이 그림에서 뭉크는 무기력하게 우두커니 앉아 초점 없이 어딘가를 바라보고 있다. 화가로서의 명성은 날로 높아졌지만 뭉크는 어딘가 지쳐 보이고 의욕을 상실한 표정이다.

11월이 되면 뭉크의 상태는 완전히 심각해진다. 한번은 쉬플레어가 호텔방 침대에서 일어나지 못하는 뭉크를 발견했는데, 창백한 낯빛에 공황 상태로 말조차 제대로 하지 못할 정도였다. 이런 상황에서도 뭉크는 계속해서 일을 했다. 그림을 그리면서 불안감을 해소하고 싶어 했기 때문이다. 하지만 그가 그림 주문을 받을수록 그의 건강은 악화되어갔다.

라인하르트는 무대 장식에 이어 극장의 리셉션 홀을 장식할 연작 그림을 주문한다. 이 연작을 '라인하르트 프리즈'라고 부른다. 뭉크는 〈라인하르트 프리즈〉에서 〈린데 프리즈〉의 테마를 다시 가져와 더욱 발전시켰다. 오스고쉬트란드의 해변 풍경을 배경으로, 사랑을 주제로 하는 그림들을 그린 것이다.

그런데 이 연작은 그간 뭉크의 화풍과 시각적으로 확연히 다르다. 모티프와 형태를 단순화시키고 붓질도 매우 심플해졌으며 밑작업을 하지 않은 캔버스를 사용했다. 색감 또한 1900년대 들어서 자주 사용하던 원색을 자제하고 채도를 떨어뜨려 상대적으로 옅고 희미한 느낌이 나도록 채색했다. 이렇게 하여 광택이 나지 않는 이 그림들은 마치 프레스코화 같은 느낌을 준다.

몇 년 뒤 극장이 경제적으로 어려워지자 외부에 팔려나간 이 그림들은 현재 독일 국립 미술관, 뭉크 미술관, 함부르크 미술관 등지에 나뉘어 소장되어 있다.

1907년 초, 입센의 다른 연극 「헤다 가브리엘」의 무대 장식 역시 뭉크가 맡게 되었는데, 작업 도중 뭉크는 극장 인부들과 마찰이 생긴다. 신경과민과 알코올 중독으로 자제력을 잃은 뭉크는 심하게 역정을 내며 선을 넘고 만다. 사람들에게 심한 욕을 하며 극장장의 동생에게 폭력을 휘두르려고 하는 등 분노를 조절하지 못한 것이다. 결국 그는 이 작업의 대금도 받지 못한 채 나오게 된다.

1907년과 1908년 여름, 뭉크는 오스고쉬트란드로 돌아가기 어려울 만큼 상태가 좋지 않아 독일 북부의 해변 도시 바르네뮌데에서 여름을 보낸다. 그는 건강이 나아지는 것 같다가도 환상과 환청,

〈와인과 함께 있는 초상〉 캔버스에 유채, 110.5×120.5cm, 1906, 뭉크 미술관

툴라와 이별 후 뭉크는 극심한 알코올 중독과 신경 쇠약에 시달렸다. 대낮부터 아무도 없는
레스토랑에 혼자 앉아 무기력하게 술을 마시고 있는 뭉크의 모습에서 당시 그가 얼마나 알코
올에 의존하고 있었는지를 짐작할 수 있다.

1

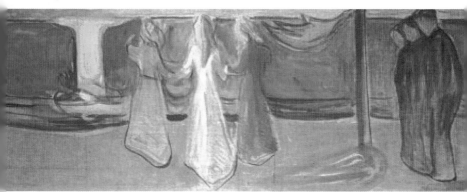

2

1. 〈욕망〉(라인하르트 프리즈) 캔버스에 유채, 91×252cm, 1906~1907, 독일 국립 미술관
2. 〈여름밤〉(라인하르트 프리즈) 캔버스에 유채, 91×252cm, 1906~1907, 독일 국립 미술관
〈라인하르트 프리즈〉는 뭉크의 작품 중 특이한 화풍을 보여준다. 1900년대 전후로 뭉크의 작품들은 강렬한 색감 사용이 두드러지는데, 〈라인하르트 프리즈〉만은 예외이다. 자주 사용하던 원색을 자제하고 채도를 떨어뜨렸는데, 마치 프레스코화 같은 느낌을 준다.

누군가 자신을 죽이거나 해치려 한다는 망상에 시달리고 있었다. 바르네뮌데 시기에 그의 건강 상태는 악화되어갔지만 화풍은 오히려 예전보다 더 활력 넘치고 강렬해졌다. 이 시기 뭉크의 화풍은, 모든 생명체는 단순히 물질적 조합으로 이루어진 것이 아니라 생명력 혹은 영혼에 근원한다는 생기론Vitalism에 영향을 받는다. 뭉크는 나체로 해변에서 해수욕을 즐기거나 서 있는 젊은 남자와 소년들의 모습을 강렬하고 선명한 색감과 힘찬 붓놀림으로 그려냈다. 뭉크의 이런 화풍은 1920년대까지 지속된다.

그러나 10월 3일, 뭉크는 수년간 자신을 괴롭히던 신경 쇠약과 알코올 중독으로 인해 전문적인 치료를 받지 않고서는 일상생활이 불가능할 지경에 이르자 코펜하겐의 야콥슨 클리닉에 입원하게 된다. 이곳에서 그는 7개월가량 있으면서 알코올 중독에서 벗어나고 정신과 몸의 회복에 집중한다.

뭉크 개인적으로는 인생 최악의 상황이었지만, 아이러니하게도 예술가로서는 성공가도를 달리게 된다. 1908년 뭉크의 절친한 친구이자 애호가였던 옌스 티이스Jens Thiis가 노르웨이 국립 미술관의 초대 관장으로 취임하게 되면서 뭉크의 주요 작품들을 미술관 소장품으로 대거 구입하게 된 것이다. 그간 해외에 비해 노르웨이 국내에서 뭉크에 대한 평가는 인색했었는데, 그 분위기가 바뀌고 있었다. 이러한 흐름 속에 1908년 뭉크는 노르웨이 국왕으로부터 기사 작위를 수여받게 되고, 노르웨이에서 뭉크에 대한 재발견이 이루어지게 된다.

프라이아 프리즈 Freia-frisen

프라이아는 노르웨이를 대표하는 최대 초콜릿 회사이다. 설립 25주년을 맞아 프라이아
의 사장 요한 트루네 홀스트Johan Throne Holst는 1922년 뭉크에게 공장 구내식당을 장식
할 그림을 주문한다. 홀스트는 진보적인 정치 성향을 가지고 있었고, 노동자들이 이용하
는 구내식당에 뭉크의 그림을 장식해 당대 최고의 예술을 누릴 수 있도록 해주고자 했다.
그리고 자신이 소장하고 있던 조각품들도 회사 내 정원에 설치하여 노동자들이 함께 감
상할 수 있게 할 계획이었다.

　뭉크는 이 주문을 받고 12점의 그림으로 된 연작을 완성한다. 〈린데 프리즈〉와 〈라인
하르트 프리즈〉의 연장선상에 있는 모티프들을 이용했는데, 〈해변에서의 춤〉〈꽃에 물
을 주는 소녀들〉〈사과를 따는 소녀들〉 등 평화로운 자연 풍경 속에서 여유롭게 여가를
즐기고 노동하는 모습을 그렸다.

〈프라이아 프리즈〉가 걸려 있는 프라이아 홀

〈작별〉(프라이아 프리즈) 캔버스에 유채, 134×346cm, 1922, 프라이아 홀

〈풍요〉(프라이아 프리즈) 캔버스에 유채, 134×307cm, 1922, 프라이아 홀

기존의 모티프들과 함께 뭉크는 새로운 아이디어들도 사용한다. 해변 도시에서의 삶이라든지, 여자와 아이들이 뭍에서 손을 흔들며 배를 배웅하는 모티프들이 그것이다. 〈프라이아 프리즈〉에 등장하는 대부분의 자연 풍경은 오스고쉬트란드의 부드럽게 이어지는 해안선에서 기인하지만, 몇몇 그림에는 크라게러의 깎아지르는 바위로 이루어진 해안가 풍경도 등장한다.

현재 프라이아 홀은 1934년에 개축한 공간이라 뭉크가 그림을 완성해서 처음 걸었던 1922년과는 다른 분위기겠지만, 어쨌든 이 그림들은 100년 가까운 시간 동안 프라이아 공장 노동자들이 식사를 할 때 밥동무가 되어주었다. 일반인에게도 이곳을 공개하고 있는데, 예약을 하면 공장 견학과 함께 프라이아 홀, 그리고 아름다운 조각 공원도 감상할 수 있다.

아울라 벽화와 함께
열어젖힌 인생 제2막

긴 여정의 끝, 고향으로의 귀환

인생 제2막. 누구에겐 결혼이나 이혼이, 어떤 이들에게는 이사나 이직이, 혹은 굳이 어떤 사건이 없더라도 심리적인 변화가 인생제2막을 여는 계기가 될 수도 있다. 어쨌든 인생 제2막이라는 말에는 긍정적이고 희망적인 뉘앙스, 과거를 청산하고 새롭게 시작하고싶은 기대 혹은 다짐이 담긴다.

뭉크의 인생 제2막은 언제일까. 아마도 길고 긴 타국 생활을 청산하고 노르웨이로 돌아와 정착하게 되는 1909년이 아닐까. 뭉크의 80년 인생에서 40대 중반에 접어든 이 시기는 얼추 인생의 반이되는 시점이기도 하다. 방황과 불안, 갈등과 피폐의 젊은 시절을 보내고 중년을 맞이한 예술가에게 건강상으로도 심리적으로도 안정과 정착이 필요한 때였다.

1909년 4월 30일, 코펜하겐의 야콥손 클리닉에서 7개월간의 치료를 마친 뭉크는 사촌뻘 되는 루드빅 라벤스베르그Ludvig Ravensberg

와 함께 배를 타고 노르웨이로 돌아온다. 그 역시 화가였던 라벤스베르그는 뭉크의 대단한 추종자였고, 뭉크의 개인 집사가 된 것처럼 그의 일거수일투족을 도와주었다.

코펜하겐을 떠난 배는 크리스티안산드, 그림스타드, 아렌달을 거쳐 5월 6일 크라게러에 다다랐다. 그곳에서 뭉크는 크라게러 출신의 친구 크리스티안 기에르로프Christian Gierløff를 만나게 된다. 이 셋은 함께 크라게러의 경관을 둘러보았는데, 한눈에 이곳이 마음에 든 뭉크는 바로 그곳에 정착하기로 결정한다.

뭉크는 크라게러의 남쪽 해안가에 위치한 스크루벤 바닷가에 집을 하나 임대했다. 뭉크가 임대한 집은 큰 집 두 채를 이어 붙인 것이어서 작업할 공간도 충분했다. 넓은 정원이 집 주변을 에워싸고 있었고, 바다는 최고의 전망을 자랑했다.

라벤스베르그와 기에르로프는 뭉크가 크라게러에 정착하는 데 필요한 모든 일을 도와주었다. 라벤스베르그는 식사를 만들어줄 요리사를 구하고 이웃에 사는 어부들에게 뭉크가 필요한 것들을 도와줄 수 있도록 손을 다 써놓고야 자신의 집으로 떠났다. 그는 이후에도 자주 스크루벤의 집을 들락거리며 뭉크를 도왔고, 뭉크가 여행을 갈 때면 동행했다.

크라게러 출신의 화가 귀도 숄베르그Guido Schølberg는 "크라게러는 가파른 언덕 아래에 어지럽고도 견고하게 놓여 있고, 아름다운 동시에 강하다. 12월에는 비와 안개로 슬프고, 2월에는 온 지붕과 암석에 햇볕이 나면서 눈이 내리고, 더운 7월에는 소음과 해수욕객들로 붐비는 도시다"라고 묘사했는데, 뭉크는 그 표현에 공감했다. 크라게러 해안의 각진 암석과 자연 풍경은 뭉크가 새로운 화법을 구사하는 데 영감을 주었다. 이 무렵부터 뭉크는 대담하고 활력 넘치며 붓 터치가 강조된 풍경화를 많이 그려낸다.

뭉크는 크라게러의 집을 마음에 들어 했지만 구입할 수는 없었다. 크라게러의 집을 대신하여 이듬해인 1910년 11월 오슬로 피오르 맞은편에 있는 비트스텐의 네드레 람메 농장을 구입한다. 해안을 따라 자리 잡은 네드레 람메 농장은 아름다운 풍경을 자랑하는 곳이었다. 산을 뒤로하고 집 한 채가 바닷가 쪽에 서 있는데, 그 바로 앞에 작은 만이 있어서 마치 개인 해수욕장을 가지고 있는 것만 같다. 만 너머로는 큰 배들이 떠다니는 넓은 바다가 펼쳐지면서 운치를 더한다.

비트스텐의 자연 풍경은 크라게러와 상반되는 매력이 있다. 크라게러에는 각진 암석으로 이루어진 해안이 있고, 비트스텐에는 둥글고 부드러운 암석이 만을 이루고 있다. 뭉크는 오스고쉬트란드의 작은 집과 함께 이곳의 농장을 평생 소유했다. 그만큼 이곳의 아름다움과 편안함을 사랑했던 것이 아닐까.

그렇다면 오스고쉬트란드의 작은 집을 두고 뭉크가 이곳에 아틀리에를 마련한 이유는 무엇일까? 코펜하겐에서 노르웨이로 돌아오는 배 안에서 라벤스베르그는 뭉크에게 오슬로 대학 강당을 장식할 아울라 벽화 공모전이 있다는 소식을 알려준다. 이 공모전에 노르웨이에서 내로라하는 예술가들이 모두 참여한다는 것도 덧붙였다.

공모전 소식은 뭉크의 예술혼을 불타오르게 했다. 지금까지 자신의 감정과 그 표현에 집중했던 뭉크에게 공공 미술은 새로운 도전이었다. 뭉크는 의욕적으로 부딪혀보려고 했다. 공공 미술에 필요한 대형 작업을 위해서는 넓은 공간뿐만 아니라 다양한 영감과 자극이 필요했다. 후에 이 두 곳의 풍경은 그렇게 오슬로 대학 강당 벽화에 고스란히 담긴다.

아무도 선택되지 않은 아울라 분쟁

지금의 칼 요한 거리에는 오슬로 대학의 법대 캠퍼스인 도무스 메디아Domus Media가 있다. 1911년 도무스 메디아 건물은 대학 설립 100주년을 맞아 확장 공사를 하게 되는데, 이때 부속 강당이 함께 만들어졌다. 그리고 이 강당을 꾸며줄 벽화 공모전이 열리게 된 것이다.

공모자들 중 에마누엘 비겔란드Emanuel Vigeland와 뭉크가 최종 심사에 오르긴 했으나 심사위원들 사이에 최종 당선자에 대한 합의를 보지 못한 것이다. 중간에 심사위원이 바뀌는 등 많은 소란이 있었는데, 이는 아울라 분쟁Aulastriden이라고 부를 만큼 논쟁이 심했다.

뭉크는 이 공모전에 적극적이었다. 그의 미술계 인맥들과 언론에 자신의 작품을 홍보하고, 벽화의 습작으로 직접 전시회를 열기도 했다. 뭉크는 이 공모전에 반드시 당선되겠다는 열정과 집념으로 매달렸다. 게다가 한창 공모전과 관련한 논란의 열기가 뜨겁던 1912년 봄, 뭉크는 쾰른에서 열린 존더분트 전시회에 초청받는다. 이때 뭉크는 반 고흐, 고갱, 세잔과 동등하게 독립된 전시실을 배당받을 정도로 좋은 대우를 받았다. 이로 인해 노르웨이 내에서 뭉크

아름다운 해안에 위치한 네드레 람메 농장

비트스텐의 아름다운 자연과 편안함을 사랑하여 뭉크가 1910년에 구입하여 죽을 때까지 소유했던 네드레 람메 농장이다. 지금은 소더비를 통해 〈절규〉의 파스텔 버전을 사상 최고가에 판매한 페데르 올센이 구입하여 사립 뭉크 미술관으로 개장할 준비를 하고 있다.

의 인지도와 인기가 올라가면서 뭉크를 최종 당선자로 선정하는 것이 더 합당하다는 의견이 팽배해져갔다.

그러나 아울라 분쟁의 결과, 아무도 선택되지 않았다. 뭉크는 지지자도 많았지만 반대하는 사람도 많았다. 당선자가 없긴 했지만 어쨌든 강당을 장식할 벽화는 필요했다. 그래서 오슬로 시는 작품 대금의 반만 지급하고 나머지는 뭉크가 오슬로 대학에 작품을 기증하는 형식으로 뭉크의 작품을 강당에 걸기로 결정한다. 이렇게 하여 1914년 뭉크는 벽화 작업을 시작하게 되고, 2년 뒤 11점의 그림으로 강당을 장식할 수 있었다.

뭉크는 오슬로 대학 강당 벽화를 완성한 지 2년이 지난 시점에서 〈생의 프리즈〉를 오슬로 대학 강당 벽화와 반드시 함께 보기를 권장했다. 그는 〈생의 프리즈〉의 작품들 역시 오슬로 대학 강당 벽화처럼 건축적 프레임 속에서 조화롭게 합치될 수 있도록 특정 공간에 장식되기를 희망했는데, 그렇게 하면 〈생의 프리즈〉라는 전체적인 인상을 해치지 않으면서 각각의 작품들 또한 본연의 특징을 드러낼 수 있을 것이라고 생각했기 때문이다.

여기에서 뭉크는 공공 미술에 대한 관심과 이를 작업하고 싶은 열정을 숨기지 않는다. 그는 〈생의 프리즈〉를 다시 전시하여 이에 대한 가치와 관심을 환기시키고, 〈생의 프리즈〉가 오슬로 대학 강당 벽화와 같이 특정 장소에 전시될 수 있는 기회를 잡고 싶어 했다. 그러나 뭉크의 바람대로 공공 미술로서 〈생의 프리즈〉 전체를 특정 공간에 맞추어 주문받는 일은 일어나지 않았다.

민족의 역사와 희망을 담다

나는 절벽 위로 해가 솟아오르는 것을 보았다. 나는 그 해를 그렸다. 그리고 아이들을 데리고 있는 어머니의 모습이 떠올랐다. 처음으로 야외 아틀리에를 지었다. 크라게러의 집 옆에 나무벽 3개로 거기에서 거대한 그림이 그려졌다. 〈역사〉와 〈태양〉에 대한 구상은 가지고 있었다. 어머니의 그림을 위한 장소를 나는 찾았다. 나는 크라게러를 떠났다. 그리고 비트스텐의 네드레 람메를 구입했다. 거기서 나는 〈알마 마테르〉의 모티프를 얻었다.

— 뭉크의 노트(MM N 286, 1935~1940)

아울라 벽화는 강당의 삼면을 장식하는 3개의 큰 그림과 그 사이에 있는 작은 그림 6개로 구성되어 있다. 강당으로 들어서서 보았을 때 정면에 〈태양Solen〉이 있고(2~3쪽), 오른쪽에 〈알마 마테르Alma Mater〉, 왼쪽에 〈역사Historien〉가 있다. 〈태양〉과 〈역사〉의 모티프는 크라게러에서 영감을 받은 것들이다. 크라게러의 스크루벤에서 보이는 일출에서 〈태양〉을 착안한 것이었다.

벽화의 메인으로 일출을 모티프로 삼았다는 것은 의미가 있다. 뭉크는 햇빛을 생명력을 주는 원천이자 계몽의 상징으로 사용했다. 빛이 뻗어나가는 모습은 지식을 널리 전파한다는 것을 의미한다. 〈태양〉과 〈역사〉에서 보이는 각진 바윗돌로 이루어진 해안선은 크라게러의 자연 풍경을 닮았다. 그리고 〈역사〉에서 아이에게 이야기를 들려주는 늙은 노인은 크라게러에서 이웃으로 지내며 뭉크의 생

오슬로 대학 강당을 장식하고 있는 뭉크의 벽화

강당으로 들어서서 보았을 때 정면에 〈태양〉이 있고, 오른쪽에 〈알마 마테르〉, 왼쪽에 〈역사〉
가 있다. 오슬로 대학의 상징물이 된 이 벽화는 노르웨이 대형 공공 미술의 백미로 꼽힌다.

활을 도와주던 늙은 어부 보레 에릭센Børre Eriksen에게서 영감을 받은 것이었다.

뭉크는 그 어부에 대해 "그 경이로운 모델을 그릴 때 나는 영감을 받았다. 세상을 누비고 다녔던 이 늙은 선장이 옛날의 추억에 대해 얘기할 때면 그의 눈 안쪽 깊은 곳에서 빛이 나는 것이 보였다"라고 이야기한 바 있다. 뭉크는 연륜 많은 뱃사람이 세상에 대한 지식과 식견을 다음 세대에게 전달한다는 모티프로 〈역사〉를 그린 것이다.

한편 〈알마 마테르〉의 흙과 수풀, 둥근 자갈돌로 이루어진 온화한 해변 풍경은 비트스텐에서 영감을 받은 것이다. 알마 마테르는 라틴어로 직역하면 '젖을 먹이는 어머니'이고, 이는 대학을 뜻한다. 〈역사〉의 늙은 어부와 같이 〈알마 마테르〉 또한 시골 아낙의 옷을 입고 있다. 이를 통해 뭉크는 노르웨이의 민속적 특징을 강조하는 동시에 지식의 원천이 민족과 전통에서 나온다는 것을 암시한다.

또한 〈알마 마테르〉와 〈역사〉 사이에 햇빛이 강렬하게 사방으로 퍼지는 일출의 모습을 위치시킨 것은 노르웨이의 민족과 전통에 기반한 지식을 널리 알리자는 의미를 담고 있다. 오랜 기간 덴마크와 스웨덴의 지배를 받았다가 막 독립을 이룬 당시 노르웨이의 상황에서 이와 같은 민족성과 자주성을 강조하고 희망을 내포한 그림이 대학 강당의 벽을 장식한 것은 큰 의의가 있었다.

이 3개의 큰 그림들 사이에는 각각 3개의 작은 패널 그림이 있고, 〈역사〉와 〈알마 마테르〉 가장자리에 작은 그림들이 하나씩 더 구성되어 총 8개의 작은 패널 그림으로 구성되어 있다. 〈화학Kjemi〉 〈새로운 광선들Nye stråler〉 〈태양을 향한 여자들Kvinner vendt mot solen〉 〈불꽃

2

1. 〈알마 마테르〉 캔버스에 유채, 455×1160cm, 1916, 오슬로 대학 강당

2. 〈역사〉 캔버스에 유채, 455×1160cm, 1914~1916, 오슬로 대학 강당

오슬로 대학 강당 벽화로 그려진 이 작품들은 노르웨이의 자연과 노르웨이인의 민족성을 모
티프로 하고 있다. 뭉크는 노르웨이인이라는 민족 정체성을 강조하는 동시에 노르웨이의 역
사와 전통을 다음 세대에게 전달하려는 의지를 담아냈다.

에서 깨어나는 남자들Våknende menn i lysflommen〉〈빛의 홍수 속의 천재들Genier i lysflommen〉〈태양을 향한 남자들Menn vendt mot solen〉〈수확하는 여자들Høstende kvinner〉〈근원Kilden〉이 바로 그 그림들인데, 대학에서 배우는 다양한 분야의 학문과 지식을 상징한다. 이렇게 완성된 오슬로 대학 강당의 벽화는 노르웨이 공공 미술 중 백미로 꼽힌다.

오슬로 시민들에게 뭉크 하면 가장 먼저 떠오르는 그림은 어떤 것일까? 물론 〈절규〉나 〈마돈나〉가 많은 수를 차지하지만, 오슬로 대학 강당의 벽화도 빠지지 않고 등장한다. 미술관에 소장되어 있는 그림은 전시가 될 때도 있고 안 될 때도 있어 언제나 볼 수 있는 것이 아니지만, 벽화는 항상 그 자리에 있다.

또 오슬로 대학이 가지는 상징성 때문에 오슬로 시민들의 머릿속에 크게 자리잡은 것도 있을 것이다. 세계적인 명성을 쌓았지만 오랜 해외 생활로 국내에서는 그만큼의 입지가 없었던 뭉크에게 아울라 벽화의 완성은 노르웨이의 국민 화가로 거듭날 수 있는 계기를 만들어주었다.

오슬로 대학 강당 벽화 작업은 뭉크 스스로에게도 큰 의미가 있었다. 대형 공공 미술에 대한 관심을 불러일으킨 계기가 되었기 때문이다. 이전까지 뭉크는 자신의 경험을 바탕으로 한 인생의 고통스러운 에피소드와 그 의미에 집중했던 반면, 오슬로 대학 강당의 벽화 작업을 하면서 인류와 민족, 지식과 역사 그리고 희망에 대한 관심을 가지게 됐다. 젊은 시절의 깊은 방황, 그리고 자신과 자신의 주변에서 일어나는 사건에 대한 끝없는 관찰과 집요한 탐구에 몰두

했던 뭉크는 50대를 눈앞에 둔 중년의 나이에 이르자 더 큰 관점에
서 인류와 역사에 대한 총체적인 시각을 그림으로 표현하고자 했던
것이다.

기나긴 은둔과 고독

에켈리의 노란 집 그리고 윈터 아틀리에

뭉크는 스물다섯 살부터 30년에 가까운 시간을 해외와 노르웨이의 작은 해변 마을들을 떠돌았다. 그러다 1916년 쉰두 살의 나이에 크리스티아니아로 돌아와 정착하게 된다. 그가 정착지로 선택한 곳은 바로 크리스티아니아 서쪽 경계 지역의 에켈리Ekely다. 뭉크는 이곳에서 1944년 사망할 때까지 인생의 3분의 1 이상의 시간을 거주한다.

뭉크는 에켈리에 정착한 후 오랫동안 외로움을 자초하고 외부와 격리된 생활을 하게 된다. 에켈리는 어떤 곳이길래 뭉크가 이곳을 선택했을까. 뭉크가 에켈리를 구입한 이유를 밝힌 글이 있다.

그때 나는 에켈리를 구입해야만 했다. 그렇게 해서 거대 벽화의 스케치와 아울라 그림들을 작업할 수 있는 목재 건물을 저렴하게 지어야 했다. 나는 넓은 토지가 필요했다. 그렇지 않으면 이런 건물들을 지을 수가 없었다. 그러나 무엇보다 나에게 중요한 것은 안정이다. 나는 호텔에 머무를 수가 없다. 나는 사람들이 내 옆에 있는 것을 참을 수가 없다.

— 뭉크의 노트(MM T 2784, 1927~1934)

이 글에서 알 수 있듯이, 뭉크는 대형 작업에 필요한 공간과 누구에게도 방해받지 않으며 생활할 수 있는 장소를 필요로 했다. 게다가 오슬로 서쪽 경계에 위치한 에켈리는 오슬로 시내까지 접근성도 좋을 뿐만 아니라 한적하고 해안가와도 가까운 지역이어서 도시 생활과 전원 생활을 동시에 즐기기에 좋은 조건을 갖춘 곳이다. 그래서인지 지금은 노르웨이를 대표하는 부촌이 형성되어 있다.

단독 주택들 사이에 난 작은 길을 지나다 문득 고개를 드니 언덕 위에 단순한 육면체 형태의 빛바랜 시멘트 건물이 보인다. 뭉크의 윈터 아틀리에다.

에켈리는 원래 과수원이었다. 4만 5,000제곱미터에 이르는 넓은 토지에 주 가옥 이외에도 인부 숙소와 가축 축사가 함께 있었다. 뭉크는 두 채의 목조 아틀리에와 한 채의 석조 아틀리에를 지었고, 가축 축사에서 직접 말과 개, 돼지, 소, 닭을 키우기도 했다. 그리고 인부 숙소에는 집안일을 도와주는 도우미와 그의 그림 모델이 묵을 수 있게 했다.

주 가옥은 1870년대에 지어졌는데, 스위스 양식의 건물이었다. 이 집에는 여러 개의 방이 있었으나 실제로 사용하는 방은 몇 개 되지 않았다. 뭉크는 주방과 그 옆에 딸린 거실, 침실과 작업실 정도만

잉게르가 찍은 에켈리의 주 가옥 건물

뭉크는 에켈리에 정착하면서 외부와 단절된 생활을 이어나갔다. 전시회와 관련된 일이 있을 때만 외출을 했고, 사람들의 방문도 극도로 제한했다. 가족들조차도 뭉크가 에켈리에 정착한 지 10년이나 지나서야 방문할 수 있었다. 에켈리의 주 가옥 건물이 사라진 지금, 1931년에서 1932년경에 잉게르가 에켈리를 방문하여 찍은 사진들은 당시 에켈리의 모습을 알 수 있는 중요한 자료이다.

사용했다. 남향으로 난 유리 베란다가 있는 거실은 이 집에서 가장 큰 공간이었는데, 이 역시 작업실이자 그림들을 보관하는 곳으로 쓰였다. 베란다에서는 사과나무와 체리나무가 심어진 정원이 내려다보였고, 멀리 크리스티아니아의 도시 풍경과 피오르를 볼 수 있었다.

뭉크는 에켈리를 구입하자마자 목조로 된 대형 아틀리에 두 채를 짓는다. 그리고 1920년에는 시멘트로 된 아틀리에를 한 채 더 지었다. 뭉크는 겨울 추위에도 작업이 가능하면서 동시에 목조 건물만큼 환기가 잘되는 아틀리에를 원했기 때문이다. 이 석조로 지어진 아틀리에가 바로 윈터 아틀리에이다.

현재 에켈리에 남아 있는 이 윈터 아틀리에는 뭉크의 친구이자 건축가인 헨리크 불Henrik Bull이 1929년에 증축했을 당시의 모습이다. 이 외에도 대형 작품을 야외에서 작업할 수 있도록 지붕 없이 벽으로만 이루어진 야외 아틀리에와, 여름에 늦은 저녁 햇볕을 쬐며 쉴 수 있는 작은 정원도 있었다.

그 많던 건물은 도대체 어디로 다 사라지고 윈터 아틀리에만이 자리를 지키고 있는 것일까. 1944년 뭉크가 세상을 뜨자, 1946년에 오슬로 시는 뭉크가 살던 주택 건물과 토지를 구입한다. 그러고 나서 노르웨이의 대형 건축 회사 우부스OBOS와 협업하여 1951년부터 1953년 사이에 주 가옥 서쪽으로 난 넓은 토지에 예술가 마을을 짓는다. 이곳은 어느 정도의 경력이 있는 화가들만이 입주할 수 있는데, 저렴한 임대료에 주거와 작업이 모두 가능해서 지금도 입주를 원하는 예술가들이 대기하고 있을 정도로 인기이다.

뭉크 미술관이 완공되기 전까지 뭉크의 모든 예술 작품들의 보관과 복원 작업 등을 위한 공간으로 사용되었던 주 가옥은 1960년 뭉크 미술관이 완공되자 철거 결정이 내려졌다. 물론 당시에도 뭉크의 가옥에 대한 역사적·미술사적 가치를 고려하여 집을 보존해야 한다는 의견도 있었지만, 오슬로 시는 결국 주 가옥을 비롯하여 나머지 부속 건물과 목조 아틀리에까지 철거해버렸다. 오슬로 시는 그렇게 마련된 토지를 늘어나는 시민들의 주택난을 해결하기 위해 개인이나 부동산 개발업자에게 매도했다. 그래서 윈터 아틀리에를 중심으로 원 부지의 15분의 1에 불과한 3,000제곱미터밖에 남지 않게 된 것이다. 이러한 결정은 당시엔 어쩔 수 없는 선택이었을지 모르겠지만 뭉크가 마지막 순간까지 살았고, 그의 후기 예술의 주요 소재가 되었던 넓은 정원과 건물들이 사라진 것은 매우 아쉬운 일이다.

윈터 아틀리에는 현재 '뭉크의 아틀리에Munchs atelier'라는 이름으로 뭉크 미술관의 관리 아래 6월부터 9월까지 주말에만 개방하고 있다.

윈터 아틀리에의 입구 왼쪽에는 지붕 없는 벽이 세워져 있다. 지금은 관람객들의 휴게 장소로 의자와 테이블이 놓여 있는데, 이곳이 바로 뭉크가 야외 아틀리에로 사용했던 곳이다. 뭉크는 에켈리 여러 곳에 야외 아틀리에를 지었는데, 그곳에서 실내 작업이 불가능한 대형 작업을 했다.

윈터 아틀리에는 마치 육면체 상자 두 개를 붙여놓은 것 같은 구조이다. 입구와 연결된 남쪽 육면체 공간에는 벽에 창을 내지 않고 천장에 사방창을 만들어 빛이 충분히 들어오게 함으로써 뭉크는 밤

야외 아틀리에에서 작업 중인 뭉크

뭉크는 야외에서 그림을 즐겨 그렸는데, 윈터 아틀리에 외벽에 가벽을 만들어 그곳을 야외 아틀리에로 사용했다. 야외 아틀리에에서 뭉크는 작품의 크기에 구애받지 않으며 자유롭게 그림을 그렸다.

늦게까지 그림을 그릴 수 있었다. 지금 이 자리에는 뭉크가 살아 있었을 때 작품이 걸려 있던 그 위치 그대로 복제품들이 걸려 있다.

왼쪽으로 난 작은 통로를 지나 북쪽 육면체 공간으로 넘어가면, 큰 창이 있는 방이 나온다. 이곳에서는 뭉크와 관련된 영상물을 상영하고 있다. 그리고 근처 예술가 마을에 입주해 있는 예술가들이 자원봉사로 안내를 해주고 있다.

외곬 외톨이 괴짜 노인

뭉크의 주치의 크리스티안 쉐라이네르Krisitian Emil Schreiner는 뭉크의 집이 항상 너저분했고 정리되지 않은 채 어지러져 있었다고 기억했다. 쉐라이네르의 말대로 뭉크의 집은 정돈이 되지 않는 곳이었다. 물감 튜브와 붓들이 여기저기 바닥에 흩어져 있고, 곳곳에 먼지 끼고 접히거나 구겨진 판화들이 나뒹굴고 있었다. 도우미가 바뀔 때마다 조금씩 정리되기도 했지만 별로 큰 차이는 없었다. 뭉크는 자신이 작업할 때 어떤 방해나 간섭도 받고 싶어 하지 않았고, 누구에게도 무엇에도 신경 쓰지 않고 그림에만 집중하고 싶어 했기 때문이다. 에켈리에서 뭉크의 생활은 오롯이 자기 자신과 예술에 대한 집중으로 채워졌다.

뭉크는 자신의 주변에 사람들이 있는 것을 매우 성가시게 여겼다. 그는 무엇을 살지, 저녁으로 무엇을 먹을지 등의 일상적인 질문을 듣는 것조차도 자신의 작업을 방해한다고 생각했다. 그저 그림만 그리고 싶어 했다. 점차 뭉크는 자신의 작업을 방해하는 주변의 사소한 것들에 짜증을 낸다. 집 울타리를 오르는 개구쟁이들, 이웃의 성질 사나운 개들도 싫었고 초인종이나 전화 등 모든 것을 싫어했다. 심지어 그림을 사고 싶어 하는 사람들이나 유명한 화가를 한번 보고 싶어 하는 호기심 어린 사람들의 방문도 귀찮아했다.

뭉크는 작업을 위해서 사람들과 거리를 두는 것이 반드시 필요하다고 생각했다. 그래서 잘 짖는 개들을 키우면서 사람들을 쫓아냈다. 뭉크의 특이한 행동들로 인해 뭉크의 기행은 그를 한번이라도 만난 사람들의 입에 오르내렸다.

뭉크는 고립을 자처하며 외롭게 지냈다. 특히 다른 예술가들과의 접촉은 피했고, 집 방문을 허용한 사람들도 의사, 변호사, 화상이나 전시회 관계자들 정도였다. 뭉크는 에켈리에 사는 동안에는 파티에 참석한 적도 없었다. 1927년에 그가 막냇동생 잉게르에게 보낸 편지에 "네가 사람들과 어울리는 게 불편하다는 걸 난 이해한다. 나는 지난 15년 동안 밖에 놀러 나가거나 누군가의 집에 저녁을 먹으러 가본 적이 없어"라고 언급한 내용을 통해서도 알 수 있다.

뭉크는 가족들과도 한동안 거리를 두고 지냈다. 카렌 이모, 동생 잉게르와 라우라에게 돈이나 정원에서 키운 채소를 보낼 때에도 사람을 시켰다. 잉게르는 뭉크가 에켈리에 정착한 지 10년이 지나서야 그곳에 와볼 수 있었다.

뭉크의 동생인 안드레아스는 폐렴으로 1895년 서른 살의 나이로 갑자기 세상을 떠났는데, 그에게는 미망인과 유복녀가 있었다. 그들은 큰아버지인 뭉크가 유명한 화가이고, 넓고 좋은 저택에 살고

〈검정과 보라색 옷을 입은 잉게르〉

캔버스에 유채, 172.5×122.5cm, 1882, 노르웨이 국립 미술관

남매간의 우애가 돈독했던 것은 아니었지만, 카렌 이모까지 세상을 떠난 뒤에는 왕래하며 서
로를 챙겼다. 뭉크는 막냇동생 잉게르를 모델로 하는 작품을 여럿 남겼는데, 그중 〈검은 색과
사주색의 하모니〉라는 제목으로 출품되었던 이 초상화가 잘 알려져 있다. 정면을 똑바로 쳐다
보는 시선 처리는 뭉크 초상화의 두드러진 특징이다. 잉게르의 얼굴에서 경건하고도 엄숙함
이 느껴진다.

있기 때문에 그가 돈이 많을 것이라고 생각했다. 그러면서 자신들에게 경제적 도움을 주지 않은 것에 불만을 품었다. 뭉크는 이런 상황도 매우 불편하게 생각했다.

1926년 오랫동안 정신병원을 들락거렸던 동생 라우라가 죽음을 맞이하고 1931년에 카렌 이모까지 세상을 뜨자, 뭉크의 혈육은 막냇동생 잉게르밖에 남지 않게 된다. 뭉크와 잉게르의 사이가 항상 좋았던 것은 아니었지만 세상에 가족이라고는 둘밖에 남지 않게 되자, 뭉크와 잉게르는 어린 시절의 추억을 나누거나 서로의 건강을 염려하면서 잘 지내게 된다.

1920년대와 1930년대 뭉크와 자주 만났던 사람으로 사업가이자 최대 후원자였던 롤프 스텐네르센Rolf Stenersen이 있었다. 그는 뭉크의 그림을 가장 많이 구입한 사람이기도 했다. 처음에는 그림을 구입하는 일 때문에 에켈리에 방문하기 시작했지만 점차 뭉크의 일상에 필요한 여러 일을 도와주었다. 그러나 그 역시 뭉크가 부르기 전에는 갈 수 없었다고 한다. 뭉크가 말하는 동안 스텐네르센은 그저 조용히 앉아서 들어야 했고, 자신이 뭔가 그에게 말을 하고 싶을 때에는 뭉크의 눈치를 살펴야 했으며 그를 기쁘게 하거나 유용하다고 판단되는 정보만 이야기할 수 있었다. 뭉크를 똑바로 쳐다보아서도 안 되었고, 주변을 두리번거려서도 안 되었다. 뭉크가 나이가 들고 고립된 생활을 하면서 점차 대인 관계에 서툴고 예민해지고 있었음을 알 수 있다.

1930년 뭉크는 오른쪽 눈 혈관이 터지는 병을 얻게 되고, 한동안 거의 실명 상태였을 정도였다. 3년 뒤에 같은 병이 재발하게 되면서 그는 열정적으로 참여하려고 했던 오슬로 신청사 프로젝트를 포기할 수밖에 없었다. 그리고 뭉크는 에켈리에서 스스로를 더욱더 고립시킨다. 그는 수염을 길러서 사람들이 자기를 못 알아보도록 했고, 바깥출입이라고 해봐야 자신의 정원 울타리 내에서 서성이는 정도였다.

젊은 시절 베를린과 파리 등 유럽 곳곳을 돌아다녔던 뭉크는 1909년 노르웨이로 돌아온 이후에는 해외에 거의 나가지 않는다. 특히 에켈리에 집을 마련하면서 뭉크는 매우 정적인 생활을 했다. 전시회 때문에 해외에 나가야 할 때에도 그다지 내켜하지 않았다. 대도시의 혼잡스러움과 자동차 매연을 매우 싫어했기 때문이다. 대신 기분 전환이 필요할 때면 오스고쉬트란드의 작은 집과 비트스텐의 별장에 다녀오는 것으로 여행을 대신했다.

1939년 제2차 세계대전이 터지면서 1940년에 노르웨이도 독일의 침공을 받았다. 뭉크는 피란을 떠날 생각도 했지만 실제로 행동에 옮기지는 못했다. 나치 정부 지배하의 농수산부는 뭉크의 비옥하고 넓은 땅에 식량을 재배하도록 지시했다. 그리고 정성 들여 키우던 가축들을 도살하여 전쟁 식량으로 납품하라고 강요했다. 뭉크는 이에 대한 부당함을 느끼면서 제대로 항의하지 못하는 현실의 벽에 가로막혀 좌절감을 맛본다. 급기야 나치 정부는 노골적으로 뭉크에게 에켈리를 요구했다. 뭉크는 자신의 의지와 상관없이 그림들이 몰수되거나 강제 처분될 것이 두려웠다. 게다가 집 위로 날아다니는 폭격기 소리도 뭉크를 더욱 불안에 떨게 했다.

결국 뭉크는 1940년 4월, 오슬로 시에 자신의 모든 작품과 소유

뭉크의 자필 유언장

자신의 작품들을 오슬로 시에 기증한다는 내용을 담고 있다. 이 유언장은 현재 노르웨이 국립
기록원이 소장하고 있다.

물을 기증한다는 내용의 유언장을 쓴다. 그렇게 하여 오늘날 뭉크가 기증한 뭉크 미술관의 소장품의 소유권은 오슬로 시가 가지고 있다. 겨울 감기로 기관지염을 앓던 뭉크는 결국 나치 정부의 패망을 보지 못하고 1944년 1월 23일 향년 80세의 나이로 에켈리에서 세상을 떠난다.

노화가의 자화상

뭉크는 에켈리에서 많은 그림을 그렸다. 병약했던 어린 시절 집 안에서 그림을 그렸던 것처럼, 에켈리에서 그리고 또 그렸다. 에켈리 시기에 그린 그림들은 1890년대 그려진 뭉크의 대표작들에 비해 대중에게도 미술사적으로도 평가가 덜 된 경향이 있다. 그러나 이 시기는 이미 국내에서나 해외에서나 성공한 화가였던 뭉크가 성공에 대한 부담이나 비평에 얽매이지 않고 오히려 자기가 그리고 싶은 그림을 마음껏 그렸던 시기가 아닐까 싶다.

뭉크는 에켈리에서 거의 나가지 않는 은둔 생활을 했기 때문에 자연과 일상생활에서 그림의 모티프를 얻었다. 그래서 이 시기의 그림들의 주제는 다소 제한적인데, 크게 자화상과 정원 풍경으로 나누어볼 수 있다.

뭉크는 평생에 걸쳐 많은 자화상을 그렸고, 자화상에 자신의 심리 상태를 여과 없이 드러냈다. 에켈리 시기에 그린 자화상에는 노년의 불안과 외로움, 죽음을 담아냈다. 예를 들어 〈잠들지 못하는

1

1. 〈잠들지 못하는 밤, 심적 혼란의 자화상〉 캔버스에 유채, 150×129cm, 1919~1920, 뭉크 미술관

2. 〈밤의 방랑자〉 캔버스에 유채, 90×68cm, 1923~1924, 뭉크 미술관

2

에켈리에서 은둔 생활을 하던 밀년의 뭉크는 이 시기에 다수의 초상화를 남겼다. 작품으로는
〈잠들지 못하는 밤. 심적 혼란의 자화상〉〈밤의 방랑자〉 등이 있는데, 노년의 불안과 외로움을
느끼던 뭉크의 심리 상태가 여과 없이 드러나 있다.

밤. 심적 혼란의 자화상Søvnløs natt. Selvportrett i indre opprør〉(1919~1920)에는 옷을 주섬주섬 챙겨 입는 자신의 모습을 담고 있는데, 자려고 누웠다가 잠들지 못하자 일어나서 다시 옷을 입는 상황으로 보인다. 헝클어진 머리, 덥수룩한 수염, 피곤한 얼굴, 옷가지와 화구가 어지럽게 널려 있는 실내에서 아무도 찾지 않는 고독한 밤, 불면증에 잠을 설치는 뭉크의 모습이 엿보인다.

이후에 비슷한 주제로 그려진 〈밤의 방랑자Nattevandreren〉(1923~1924)에는 한층 더 신경질적이고 불안한 모습이 드러난다. 창으로 들어오는 달빛이 그의 뒤통수와 등을 비추고 있어 얼굴에는 그림자가 드리우고 있는데, 마치 뭉크가 겪고 있는 우울과 외로움의 고통을 묘사하고 있는 듯하다. 바닥과 피아노, 창밖의 깊고 검푸른 색감이 우울의 느낌을 더한다.

이런 자화상들을 통해 에켈리에서의 뭉크의 생활을 짐작해볼 수 있다. 그는 실제로도 밤늦도록 잠을 이루지 못하고 방 안을 오래도록 서성이지 않았을까.

1920년대 여러 번 그린 〈별이 빛나는 밤Stjernenatt〉은 뭉크가 직접적으로 등장하지는 않지만 그의 외로운 심정을 대변하는 그림이다. 베란다 계단에 홀로 드리워진 검은 그림자가 고독한 뭉크의 모습을 나타낸다. 잠들지 못한 깊은 겨울밤, 눈 쌓인 정원으로 나온 뭉크가 홀로 베란다에 서서 빛나는 별이 총총히 박힌 밤하늘과 건너편으로 보이는 화려한 도시의 불빛을 바라보고 있는 모습을 상상할 수 있다. 하늘의 별빛, 전방의 도시의 불빛, 뒤편 거실 창에서 뿜어져 나와 뭉크의 그림자를 만드는 실내의 불빛이 검푸른 밤공기

〈별이 빛나는 밤〉 캔버스에 유채, 100×120.5cm, 1922~1924, 뭉크 미술관
1920년대 여러 번 그린 〈별이 빛나는 밤〉에는 뭉크의 모습이 직접적으로 등장하지는 않는다.
하지만 베란다 계단에 드리워진 한 남자의 그림자를 통해서 홀로 깨어 있었을 밤, 그를 휘감
았을 외로움이 전해진다. 이 작품은 고흐가 그린 동명의 작품 〈별이 빛나는 밤〉과 자주 비교
되기도 한다(304쪽).

와 하늘, 숲과 어우러지면서 더욱 우수에 차고 고독한 밤 풍경을 연출한다.

뭉크 생애의 마지막 10년 동안 그린 자화상에는 잠재적으로 죽음과 직면한 노인의 모습이 등장한다. 〈창가의 자화상Selvportrett ved vinduet〉(1940)에는 눈 속에 잎 하나 없이 꽁꽁 얼어붙은 나뭇가지가 도드라지는 풍경이 보이는 창 앞에서 굳은 표정으로 결연하게 서 있는 노인을 그리고 있다. 마치 죽음에 대한 공포나 슬픔 없이 당당히 죽음을 맞겠다는 다부진 모습을 보여주는 듯하다.

그보다 후에 그려진 〈시계와 침대 사이의 자화상Selvportrett mellom klokken og sengen〉(1940~1943)에서는 노년의 뭉크가 괘종시계와 침대 사이에서 눈을 감고 담담히 서 있는 모습을 담았다. 시계는 생명의 정해진 시간을 가리키고 침대는 임종의 장소로서 죽음을 암시하는데, 뭉크는 자신에게 남은 시간이 얼마 되지 않음을 깨닫고 차분하게 죽음을 받아들이고자 하는 것처럼 보인다.

〈시계와 침대 사이의 자화상〉 캔버스에 유채, 149.5×120.5cm, 1940~1943, 뭉크 미술관
뭉크에게 침대는 죽음을 연상시키는 장소이다. 노년에 뭉크가 그린 이 작품에서도 침대는 죽음을 암시하는 곳으로 쓰였다. 이 작품에서 시계는 삶의 시간을, 침대는 죽음을 의미한다. 시계에 시곗바늘이 없는 까닭은 죽음의 그림자가 언제 자신을 들이닥칠지 알 수 없기 때문이다. 한편으로는 자신에게 시간이 얼마 남지 않았음을 알고 차분하게 죽음을 받아들이려는 뭉크의 의연함이 돋보이기도 한다.

삶을 담은 에켈리의 정원

에켈리의 정원에는 과실수와 꽃나무뿐만 아니라 각종 채소가 심어져 있었다. 그리고 집의 동쪽에는 무성하게 우거진 오래된 느릅나무 숲이 있었다. 이 정원과 숲은 에켈리에서 뭉크가 매일 만날 수 있는 자연 풍경으로 그림의 소재가 되었다.

뭉크는 계절에 따라 풍경이 달라지는 느릅나무 숲을 수없이 그렸다. 느릅나무가 촘촘히 우거진 숲을 그린 작품들 중에는 형태를 최대한 단순화한 그림들이 있다. 이들 그림에서 나무들은 서로 밀집해 있어서 후경이 생략된 평면적인 구성을 보이고, 나뭇가지의 선과 나뭇잎의 면이 단순한 색과 선의 배치로 나타난다. 이 때문에 숲을 그린 풍경화라기보다는 추상화에 가까운 느낌을 준다. 뭉크는 개별 나무를 그린 것이 아니라 숲의 전체적인 인상을 색과 선과 면이라는 기본 구성 요소로 표현해낸 것이다.

죽은 거대한 느릅나무 몸통에 포커스를 맞춘 그림들도 있는데, 여기서는 나이테나 옹이구멍 등 느릅나무의 디테일을 살려서 표현하면서도 요철 많고 거친 나무줄기의 표면은 주관적인 느낌으로 그렸다. 미술사가 에귬은 죽은 느릅나무의 몸통이 죽음의 외로움을 상징한다고 해석하기도 했는데, 눈 속에서도 거칠고 강하게 줄기를 뻗은 느낌의 죽은 느릅나무는 외로움보다는 오히려 죽음에 당당히 맞서는 용기와 의지를 표현하는 듯하다.

1920년대부터는 녹음이 짙은 정원에서 무성하게 열린 과일을 따거나 활짝 만개한 꽃을 따는 젊은 여인의 모습을 즐겨 그리기도 했다. 미술사에서 농염하게 익은 과일이나 흐드러지게 핀 꽃은 '죽음을 기억하라'라는 라틴어 '메멘토 모리memento mori'의 특징적인 모티프로, 이렇게 아름다운 최고의 순간도 언젠간 모두 사라지고 죽게 된다는 인생의 덧없음을 의미한다.

60대에 들어선 뭉크가 인생의 허무함과 죽음에 대해 간접적으로 표현한 그림일 수도 있고, 여성의 나이에 따른 변화에 관심이 많았던 뭉크였으니 삶의 기쁨을 즐기는 젊은 여인의 만개한 아름다움과 관능을 암시하는 그림으로 해석할 수도 있을 것이다. 혹은, 에켈리에 상주하던 모델들에게 정원일을 돕게 하거나 정원에서 포즈를 서게 하곤 했는데, 그 평화롭고 아름다운 모습을 그린 풍경화일 수도 있다.

뭉크는 에켈리의 정원을 배경으로 이전에 즐겨 그렸던 사랑에 대한 주제를 담은 그림을 그리기도 했다. 대표적으로 〈정원에서 질투 Sjalusi i haven〉(1916~1920)를 들 수 있다. 이 그림에선 노란 주 가옥이 배경으로 등장하고, 화면 중앙에 있는 나무가 〈질투〉에 등장한 선악과나무를 대체한다. 그림 전경에는 질투에 눈이 멀고 화가 난 남자의 얼굴이 강렬하게 등장하는데, 이러한 구성은 〈질투〉의 구성과 거의 동일하다.

정원에서 이루어지는 농작과 그가 기르던 동식물 또한 이 시기 뭉크의 그림에 등장하는 모티프이다. 뭉크는 에켈리에서 직접 농작물을 재배했는데, 이를 식자재로서뿐만 아니라 예술의 모티프로 삼기도 했다. 그는 백마 루소를 비롯해 여러 마리의 말을 길렀는데, 그의 그림에서도 쟁기를 끄는 말 등 인간과 말이 일상의 노동을 하는

〈정원에서 질투〉 캔버스에 유채, 100×120cm, 1916~1920, 뭉크 미술관
뭉크는 이전에 그렸던 그림의 모티프들을 조금씩 변형하여 다시 그리기도 했다. 이 그림은
1890년대에 그렸던 〈질투〉의 모티프를 에켈리의 정원 풍경으로 옮겨와 재탄생시킨 것이다.

여러 모티프들을 볼 수 있다. 뭉크는 개도 여러 마리 키웠는데, 그들도 그의 모델이었다. 그리고 1920년대 말에는 자신이 직접 키운 과일과 채소를 그린 강한 색감의 정물 시리즈도 그렸다.

윈터 아틀리에 또한 뭉크에게 그림의 좋은 소재였다. 1918년 처음 윈터 아틀리에를 짓기 시작할 때 뭉크는 인부들이 일하는 모습을 그림과 드로잉으로 많이 남겼다. 축조 작업은 대부분 1920년 겨울에 이루어졌는데, 배경에 등장하는 흰색 눈이 벽돌 장인들과 목수들과 색감의 대치를 보여준다. 1929년에 윈터 아틀리에가 전체적인 확장 공사를 할 때에도 뭉크는 일하는 인부들의 모습을 많이 그렸다.

1920년대 내내 뭉크는 새로운 연작에 대한 습작을 많이 그렸는데, 이때 노동자들의 일상에 관심을 기울였다. 특히 1921년 프라이아 초콜릿 공장 구내식당 벽화로서 연작을 구상하면서 뭉크는 노동자들의 일상과 노동이라는 주제에 도 관심을 가지고 초안을 만들기도 했다. 그리고 이와 같은 관심은 오슬로 신청사 내부 벽화를 위한 습작으로 이어졌다. 오슬로 신청사 벽화의 습작들을 보면, 윈터 아틀리에 건축 노동자들의 모습에서 많은 모티프를 따온 것을 알 수 있다.

뭉크는 평생 죽음을 곁에 두고 살았다. 어린 시절 어머니와 누이의 죽음뿐만 아니라 아버지와 남동생의 갑작스러운 죽음, 병약했던 자신의 건강 상태 등 그는 언제라도 죽음이 찾아올 수 있다고 생각했다. 그런 바탕 위에서 50대에 들어선 뭉크는 에켈리 집을 구입

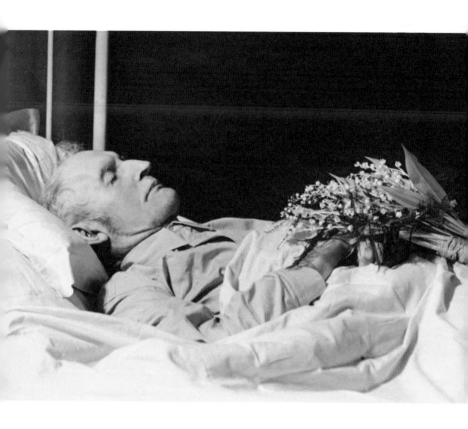

영면에 든 뭉크
뭉크는 인생의 마지막 30년을 에켈리에서 홀로 지냈고, 1944년 세상을 떠났다. 그의 유골함은
16년간 방치되다가 1960년 '우리의 구세주 공동묘지'에 안장되었다.

하면서 그곳을 인생의 마지막 종착지로 생각했을 것이다. 그곳에서 그는 인생의 남은 시간을 아무에게도 구속받지 않고 살고 싶었을 것이다.

그랬기에 뭉크는 에켈리에서 은둔하며 자신이 그리고 싶은 그림을 그리면서 언젠가 찾아올 죽음을 기다리고 있었던 건지도 모른다. 하지만 갑작스럽고 이른 죽음에 대한 걱정과는 달리 뭉크는 여든 살까지 장수했고, 너무 긴 시간을 외로이 보냈다. 혼자 있는 것에 너무 익숙해져서 편안하기도 했지만 한편으로 뭉크는 사실 이때 무척 외로워했던 것 같다.

1942년에 그의 주치의에게 보낸 크리스마스카드에는 "내가 스스로 결정한 이 고요가 뭔가 도움이 되는 걸 확실히 느낍니다. 그러나 이 절대적인 외로움은 또 한편으로 피곤하기도 합니다"라는 구절이 나온다. 그에게 에켈리에서의 은둔 생활은 단지 만족스럽지만은 않았던, 외로움과 고독의 시간이었던 것이다. 뭉크는 어린 시절 집 안에서 혼자 그림을 그리며 외로움을 달래던 그 마음으로 다시 에켈리에서 30년을 살았다. 그리고 에켈리에서 홀로 외로이 세상을 떠났다.

12

그 후의 이야기

늙은 대화가의 오랜 바람

앞에서 이야기한 것처럼 1944년 뭉크가 세상을 떠났다. 그의 예
술은 살아남았고, 뭉크는 잊혔다. 1959년 가을, 일간지《아프텐포
스텐》의 한 사진 기자가 뭉크의 무덤을 촬영하려고 했는데, 어찌된
영문인지 찾을 수가 없었다. 수소문 끝에 화장장 선반에서 먼지 쌓
인 뭉크의 유골함을 발견할 수 있었다. 뭉크는 사망한 지 16년 동안
이나 사람들에게 잊힌 채로 땅에 묻히지도 못했던 것이다.

뭉크의 존재가 세상에 다시 알려지면서 오슬로 시는 1960년 10월
뭉크의 유골함을 '우리의 구세주 공동묘지'에 안장했다. 이곳은 뭉
크 이외에도 헨리크 입센, 크리스티안 크로그, 비욘스티아르네 비
욘손 등 노르웨이의 유명 인사들의 묘가 모여 있는 곳이다. 그들의
묘지에는 수려한 조각과 글귀로 장식된 묘비와 묘석들이 고인의 업
적과 정신을 기린다. 하지만 오슬로 시는 뭉크의 이름만 적힌 아주
단순한 사각 묘석 하나만 놓아주었을 뿐이다. 현재 뭉크의 묘를 장

식하고 있는 뭉크 흉상은 2000년대 초반에야 놓인 것이다.

우리의 구세주 공동묘지는 오슬로 시내 중심에 있는 녹지인데다 칼 요한 거리 쪽에서 그뤼네르로카로 질러가는 길에 있어 하루에도 많은 사람들이 이곳을 지나가고, 산책을 한다. 뭉크의 묘는 공동묘지 중심에서 조금 떨어진 구석진 자리에 있다. 평생 고독했고, 외로운 말년을 보냈으며, 죽어서도 한동안 잊혔던 뭉크가 이제는 조금 덜 적적할까.

뭉크가 세상을 떠난 후 그의 그림들은 어떻게 되었을까. 앞서도 언급했듯이, 뭉크는 나치 정부가 자신의 작품들을 강제로 갈취, 상해할지도 모른다는 불안감에 1940년 오슬로 시에 그의 작품들과 소유물을 기증했다. 뭉크의 기증품은 2만 8,000여 점에 이르는 예술품 및 개인 자료와 소장품인데, 구체적으로는 회화 약 1,150점, 판화 약 1만 7,800점, 드로잉 및 수채화 약 4,500점, 13점의 조각 그리고 각종 자필 노트, 개인 서류, 교환 서신, 개인 소장 도서, 가구, 작업 용품 등이 포함되어 있다.

1952년 뭉크의 막냇동생이자 뭉크 사후에 뭉크의 유산 관리자였던 잉게르가 사망하면서 그녀 또한 자신이 가지고 있던 뭉크의 그림과 편지, 문서 등을 오슬로 시에 기증했고, 예술품 수집가 롤프 스텐네르센 또한 자신의 방대한 뭉크 컬렉션을 기증했다.

오슬로 시는 기증받은 뭉크의 작품과 아카이브 자료들을 토대로 뭉크 미술관을 짓기로 결정한다. 그러나 뭉크 미술관이 개관하기까지는 뭉크 사후 20년에 가까운 시간이 걸린다. 뭉크는 노르웨이 예술가 중에서 가장 유명한 화가이자 말년에는 유럽 화단에서 세잔과

'우리의 구세주 공동묘지'에 있는 뭉크의 묘

1944년 1월 23일 사망 후 16년 동안이나 잊혔던 뭉크의 유골함은 1960년 10월에야 안장되었다. 뭉크의 묘를 장식하는 흉상은 1998년 조각가 페르 엘스도르프Per Elsdorf가 제작하여 오스고쉬트란드와 크라게라에 세워놓은 것을 조각가 아르네 두르반Arne Durban이 복제품으로 만든 것이다. 이 흉상은 2004년 도난당했다가 2주 만에 발견되어 제자리로 돌아왔다.

고흐, 고갱과 동급으로 대우받던 화가였다. 그런데도 왜 뭉크 미술관이 그의 생전에 건립되지 않았을까? 그리고 사후에도 왜 그렇게 오랜 시간이 걸린 것일까?

사실 뭉크는 자신의 이름을 딴 미술관이 설립되기를 오래전부터 꿈꿨다. 옌스 티이스와 주고받은 편지를 보면, 뭉크는 자신이 바라는 미술관의 규모와 위치에 대한 구체적인 이야기까지 거론하고 있다. 옌스 티이스는 뭉크 미술관이 국립 미술관이 있는 툴린로카Tullinløkka에 들어서는 것이 어떻겠냐고 제의했다. 하지만 뭉크는 자신의 연작들이나 대규모 공공 미술 그리고 그것들의 드로잉도 함께 전시할 수 있는 넓은 공간을 바랐다. 국립 미술관이 있는 툴린로카는 시내 중심에 있기 때문에 미술관이 들어설 수 있는 부지의 한계가 있을 수밖에 없었다. 또한 전쟁이라도 일어나면 폭탄 투하나 화재 등 짧은 시간에 발생할 수 있는 재난에 취약할 수 있으므로 자신의 작품이 국립 미술관 가까운 곳에 전시되는 것 역시 원하지 않았다.

예술품 수집가 할프단 노벨 루데Halfdan Nobel Roede에 따르면, 뭉크는 조각가 구스타브 비겔란드의 미술관이 있는 오슬로 서쪽 프롱네르Frogner에 자신의 미술관이 들어서길 원했다고 한다. 비겔란드 미술관은 1919년 오슬로 시가 주최한 조각 공원 공모에서 당선된 비겔란드의 작업을 위해 오슬로 시가 프롱네르에 아틀리에 부지와 건물을 제공하면서 사후에 이곳을 그의 미술관으로 만든 곳이다. 비겔란드는 이곳을 1943년 그가 사망할 때까지 사용했고, 1947년 미술관으로 개관하게 된다.

뭉크 역시 정부 기관이나 단체에서 이와 같은 대우를 해주기를 내심 기대하지 않았을까. 그러나 뭉크의 희망과 구상에도 불구하고 뭉크를 후원하거나 도와주려는 움직임은 없었다. 뭉크는 노르웨이 내 보수적인 기존 화단과 평생 마찰을 겪었고, 말년에는 은둔과 단절로 이들과 더욱 멀어졌다. 그러다 보니 뭉크가 살아생전에는 미술관의 청사진이 제대로 그려질 수 없었던 것이다.

퇴이엔 뭉크 미술관 개관과 그 후

뭉크 작품의 애호가들은 사후에라도 그의 미술관이 신속히 건립되길 바랐다. 1946년 오슬로 시 의회는 뭉크 미술관을 짓기로 결정한다. 그런데 미술관 위치를 두고 첨예한 논의가 오갔는데, 이 논의가 끝나는 데만 3년이 넘게 걸렸다.

비겔란드 미술관과 조각 공원이 있는 프롱네르 지역에 짓자는 의견도 있었지만, 결국 뭉크가 유소년기를 보낸 그륀네르로카 지역에서 가깝고 노동자, 이주자, 사회적 소외 계층들이 많이 모여 사는 퇴이엔Tøyen에 설립하기로 결정한다. 이는 도시의 균형 있는 발전이라는 시의 목적에도 부합하는 것이었다.

1953년 11월, 오슬로 시는 '이상적인 뭉크 미술관'이라는 주제로 건물 디자인 공모전을 진행한다. 1954년 5월, 약 50개의 출품작 중에서 군나르 포그네르Gunnar Fougner와 아이나르 미클레부스트Einar Myklebust가 공동으로 디자인한 건축물, 론도 아모로소Rondo Amoroso가

퇴이엔의 뭉크 미술관

뭉크 탄생 100주년을 기념하여 1963년 퇴이엔에 뭉크 미술관이 문을 열었다. 공모전에 출품된 50개의 작품 중 최종 선정된 론도 아모로소의 디자인은 기능주의 형식을 따르고 있다. 천장에서 자연 조광을 받을 수 있었으며, 일부 벽에는 대형 유리 조명을 판넬 안에 설치해 눈부심을 방지하고 조명량을 조절할 수 있게 했다.

당선된다. 1939년 당시 노르웨이 최고의 작곡가였던 하랄드 새베루드Harald Sæverud가 동명의 피아노곡을 작곡했는데, 이 음악의 감미로움과 규칙성에서 건물의 전체적인 영감을 받았다고 전해진다. 심사위원들은 론도 아모로소의 디자인이 부지의 지형과 조화롭게 어울리고, 전시장과 강연장의 위치가 가까워 관객 친화적인 구조를 가지고 있다는 점을 당선 이유로 꼽았다.

뭉크 미술관 건립에 들어가는 모든 비용은 영화 진흥원의 지원을 받아, 1960년에 드디어 미술관 건설 착공에 들어갔다. 규모는 강연장과 전시장을 포함하여 약 1,150평방미터에 이르렀다. 전시장은 대형 작품도 전시할 수 있도록 이동 가능한 간이 벽이 설치된 열린 공간으로 꾸며졌다. 천장에서 자연 조광을 받을 수 있었으며, 일부 벽에는 대형 유리 조명을 판넬 안에 설치해 눈부심을 방지하고 조명량을 조절할 수 있게 했다. 건축가들은 전시장을 뭉크의 작품에 집중할 수 있는 공간을 제공하는 데 초점을 맞추어 디자인했다. 사무 시설 부분은 상대적으로 협소했지만 도서관, 사진 작업실, 보안 경비 시설, 레스토랑과 연구자 숙소를 갖추고 있었고, 지하에 넓은 복원실을 배치했다.

3년간의 공사 기간을 거쳐 1963년 5월 29일, 마침내 뭉크 미술관이 문을 열었다. 그해는 뭉크 탄생 100주년이기도 했다. 뭉크가 사망한 지 20년이 지나서야 뭉크 미술관이 빛을 보게 된 것이다. 뭉크 미술관의 개관은 큰 주목을 받으며 인기를 끌었고, 첫해에만 17만 4,000명이 미술관을 찾았다.

그러나 뭉크 미술관의 성공적인 개관 이후 5년 만에 뭉크 미술관은 최악의 스캔들에 휩싸인다. 오슬로 미술 시장에 뭉크 미술관의 소장품들이 조금씩 나오기 시작한 것이다. 미술관 내부의 누군가가 뭉크의 작품을 빼돌리고 있다는 정황이 포착된다. 내부 고발자의 도움으로 암암리에 경찰 수사가 이루어지면서 결국 초대 큐레이터였던 라이다르 레볼드Reidar Revold가 뭉크의 작품들을 몰래 훔쳐 팔았던 것으로 밝혀졌다. 레볼드는 경찰 조사에서 40점을 훔쳤다고 자백했지만, 경찰은 적어도 71점에 달했던 것으로 추정했다. 레볼드는 뭉크 미술관의 개관 이전부터 뭉크가 기증한 수많은 작품들을 분류·등록하는 작업에 참여했는데, 정식으로 등록되지 않은 수많은 뭉크의 작품들이 레볼드의 손을 거쳐 미술 암시장에서 거래되었을지도 모르는 일이다.

1988년 2월, 뭉크 미술관은 엥게르에 의해 또다시 도난 사건에 휩싸린다. 도난 사건 이후 보안 시설의 확충과 더불어 1991년에는 전체적인 건물 유지 보수와 함께 미술관 증축이 이루어졌다.

보안 시설을 강화했음에도 불구하고 도난 사건은 또다시 발생한다. 앞서 이야기한, 2004년 토스카가 〈절규〉와 〈마돈나〉를 훔쳐간 세기의 절도 사건이었다. 뭉크 미술관은 개관한 지 40년 동안 내외부 사람들에 위해 수차례 도난 사건을 겪었는데, 이는 보안 시설이 취약했다는 증명도 되지만 또 한편으로는 그만큼 뭉크의 작품이 널리 사랑받고 높은 가치를 지닌다는 반증이 아닐까.

오슬로에는 뭉크 미술관만큼이나 중요한 뭉크 관련 미술관이 하나 더 있다. 바로 노르웨이 국립 미술관이다. 이곳은 뭉크 미술관 다음으로 뭉크의 작품을 많이 소장하고 있는 곳이다. 엔스 티이스가 초대 관장으로 재임했던 1908년에서 1941년 사이에 국립 미술관은 뭉크의 작품을 대거 구입했고, 사업가이자 예술품 수집가였던 올라프 스카우가 1909년 〈절규〉 〈마돈나〉 〈아픈 아이〉를 비롯한 116점을 기증했다. 그렇게 하여 현재 노르웨이 국립 미술관은 232점 이상의 뭉크 작품을 소장하고 있다.

뭉크는 한 가지 모티프를 여러 버전으로 그리는 것을 즐겼는데, 그래서 뭉크 미술관과 노르웨이 국립 미술관에는 버전만 다를 뿐 작품 목록에서 겹치는 것들이 꽤 있다. 전 시기에 걸친 뭉크의 다채롭고 방대한 예술 세계를 감상하고자 한다면 뭉크 미술관을, 뭉크의 핵심 작품들을 감상하고자 한다면 노르웨이 국립 미술관의 컬렉션을 보는 것이 좋다.

노르웨이 제2의 도시 베르겐Bergen에 있는 베르겐 미술관에서도 뭉크의 작품들을 만날 수 있다. 라스무스 마이어는 아버지에게서 물려받은 예술품들을 1916년 베르겐 시에 기증했는데, 그 기증품에는 〈질투〉 〈멜랑콜리〉 〈스핑크스/여자의 세 단계〉 〈칼 요한 거리의 저녁〉과 같은 뭉크의 대표작들이 포함되어 있었고, 지금은 베르겐 미술관의 하이라이트로 장식되어 있다.

람브다와 새로운 뭉크 전시들

최근에 퇴이엔의 뭉크 미술관을 방문한 적이 있는 사람이라면, 세계적인 화가이자 다작으로 유명한 화가의 단독 미술관치고는 전시장의 규모가 너무 작다는 느낌을 받았을지 모르겠다. 이는 2004년의 도난 사건을 계기로 보안에 취약한 전시장을 폐쇄하여 원래 전시장 면적의 60퍼센트 정도만 사용하기 때문이다.

수장고의 공간 부족 및 시설의 낙후 문제들까지 불거지면서 새 미술관 건물의 필요성이 대두되었다. 이 안건은 2005년부터 제기되었으나 갑론을박으로 10년 가까이 결정이 지연되다가 2014년 10월 22일, 오슬로 피오르 해안과 접한 비요르비카에 설립하기로 최종 결정되었고, 현재 2020년 개관을 목표로 건설 중이다. 새 건축물은 스페인 건축가인 후안 헤레로스Juan Herreros가 설계한, '람브다 Lambda'라고 이름 붙여진 13층짜리 전면 유리 건물이다. '람브다'라는 말은 그리스어의 11번째 알파벳을 가리키는데, 새 뭉크 미술관의 건물 모양이 직선으로 곧게 뻗어 올라가는 게 아니라 람브다 소문자의 모양(ʎ)과 비슷하다고 해서 지어졌다고 한다.

대부분의 미술관들이 관람객의 편의와 전시 공간 확보를 위해 낮은 층으로 넓게 짓는 경향인 데 반해 람브다는 좁고 높은 건물이어서 이 설계안이 채택되었을 때 반대의 목소리도 있었다. 람브다가 들어서는 비요르비카는 오슬로 피오르가 인접한 만이기 때문에 미술 복원가들은 해수면의 습기와 전면 유리를 통한 대량의 일사량 등 작품의 훼손 가능성이 있다는 이유로 반대하기도 했다.

위치 또한 문제로 지적되었다. 해안가이기 때문에 고층 제한도 있고, 근처에 있는 오슬로 고성과 중세 공원의 주변 경관을 해친다는 것이다. 도시 개발의 형평성도 문제가 되었다. 현재 뭉크 미술관이 있는 퇴이엔 지역은 저소득층, 기초 생활 수급자들, 이민자들이 많이 거주하는 지역이다. 균형 있는 도시 발전을 위해 원래 미술관 자리인 퇴이엔에 새 미술관 건물을 짓자는 주장도 있었다. 비요르 비카를 비롯한 오슬로 피오르에 인접한 곳은 오슬로에서도 땅값이 가장 비싼 지역이고 이미 여러 문화 시설이 근처에 있는데 굳이 그 곳을 선택해야 하는지에 대한 회의적인 반응도 많았다.

이런 여러 가지 이유 때문에 새 뭉크 미술관의 이전과 신축 건물에 대한 결정이 10년이라는 시간을 끌게 되었다. 오슬로 시는 오슬로 피오르 해안가를 따라 문화 예술의 축을 만든다는 목표가 있다. 현재 미술관 부지 맞은편에 오슬로 오페라 하우스가 위치하고, 그 뒤에 오슬로 시립 도서관인 다이크만스케 도서관이 개관을 준비 중이다. 또 그곳에서 멀지 않은 옛 서오슬로 기차역 부지인 베스트바넨Vestbanen에는 새 노르웨이 국립 미술관이 2020년 개관을 목표로 현재 건설 중이다. 따라서 새 뭉크 미술관과 새 국립 미술관이 완공되면 이 둘을 잇는 문화 예술 라인을 형성한다는 것이 오슬로 시가 그리는 그림이다.

그리고 비요르비카에서 한 블록 뒤쪽으로 바코드 라인이 있다. 바코드 라인은 오슬로의 집중 현대화 개발 지구인데, 현대적인 디자인의 고층 빌딩들이 마치 바코드처럼 붙어 서 있다고 해서 바코드 라인이라고 불린다. 이 일대는 현재 오슬로 금융과 사무의 핵심 지역으로 발전하고 있다. 대규모 현대화 개발 지구에 전면 유리창으로 된 고층 건물로 뭉크 미술관이 합세한다면 현대적인 대도시의 면모를 보여줄 수 있다는 청사진을 그리고 있는 것이다.

도난 사건 이후로 전시실이 줄어든 뭉크 미술관은 좁은 전시 공간 속에서도 새로운 도전을 하고 있다. 2013년 뭉크 탄생 150주년을 맞이하여 뭉크 미술관과 국립 미술관은 공동으로 〈Munch 150〉이라는 전시회를 열었다. 뭉크 작품을 두 시기로 나누어 1882년부터 1903년까지의 작품은 국립 미술관에서, 1904년부터 1944년 사이의 작품은 뭉크 미술관에서 전시한 것이다. 이 전시회를 위해 전 세계의 미술관과 개인 수집가에게 뭉크의 작품들을 대여했고, 240점이 넘는 작품으로 전시를 구성했다.

이 전시회의 하이라이트는 뭉크가 1902년에 처음 전시한 〈생의 프리즈〉 시리즈와 1907년의 도이치 극장의 〈라인하르트 프리즈〉를 거의 완벽히 재현해낸 것이다. 이 전시회에 약 48만 5,000명의 관람객이 몰려들었고, 줄을 서서 입장할 정도로 인기를 끌었다.

뭉크 미술관과 같은 단독 예술가의 미술관이 극복해야 할 사항으로 흔히 한 작가의 작품만 다루다 보니 전시의 신선함과 창의성이 떨어질 수 있다는 점이 지적된다. 그래서 2015년에서 2016년 사이에 뭉크 미술관은 뭉크와 다른 예술가를 연결시키는, 이른바 〈플러스 뭉크+Munch〉 전시회를 기획했다. 뭉크와 다른 작가를 함께 조명하며 둘 사이의 영향 관계나 유사점들을 비교하면서 뭉크의 작품을 새로운 시각에서 바라보려는 시도다.

예를 들어 뭉크와 동시대 작가들을 함께 다룬 〈고흐 플러스 뭉크Gogh+Munch〉(2015)나 〈비겔란드 플러스 뭉크Vigeland+Munch〉(2015~2016)를 비롯하여, 다른 시공간의 화가와의 콤비네이션이었던 〈야스퍼 존스 플러스 뭉크Jasper Johns+Munch〉(2016), 현재 세계 미술계가 주목하고 있는 작가들과의 조합을 보여준 〈멜고르드 플러스 뭉크Melgaard+Munch〉(2015)와 〈메이플소프 플러스 뭉크Mapplethorpe +Munch〉(2016)를 들 수 있다. 2017년에는 또 다른 시도를 선보였다. 실존 예술가와의 조합이 아닌 소설 『마담 보바리』 속 주인공인 엠마 보바리와 뭉크의 작품에서 보이는 사랑과 외로움의 연결성을 보여주는 전시 〈엠마와 뭉크-외로움의 시대에서의 사랑Emma&Edvard- Kjærlighet i ensomhetens tid〉(2017)이 개최되었는데, 평론계와 대중 모두에게서 큰 호평을 받았다. 이후에도 다양한 전시회가 기획되고 있지만, 미술관 이전 준비 등으로 다소 제한된 소장 작품 내에서 전시가 꾸려지고 있는 분위기다.

최근 뭉크 미술관이 보여주고 있는 다양한 시대, 다양한 예술 분야와 뭉크를 연결하려는 시도는 뭉크의 작품들을 다양한 시각에서 새롭게 재해석하여 그의 예술을 지금 여기, 동시대에도 여전히 살아 있게 하고 있다. 2020년 비요르비카에 개관할 뭉크 미술관에서 선보일 참신하고 혁신적인 전시회들이 기대된다.

뭉크와 반 고흐

세계적인 단일 미술가 미술관으로 손꼽히는 뭉크 미술관과 반 고흐 미술관이 2015년 협업하여 두 작가를 한곳에 모으는 전시회를 기획했다. 오슬로에서 〈반 고흐 플러스 뭉크 Van Gogh+Munch〉라는 이름으로, 암스테르담에서 〈뭉크 대 반 고흐 Munch : Van Gogh〉라는 이름으로 전시회가 순차적으로 열렸고 많은 관람객을 불러모으며 큰 호응을 이끌었다. 두 예술가는 비록 실제로 만난 적은 없지만, 100여 년이 흐른 뒤에 현대 예술의 문을 연 중요한 선구자로서 함께 전시회의 주인공으로 등장하게 된 것이다.

뭉크와 반 고흐는 열 살 차이로 동시대 사람이었고, 비슷한 시기에 파리에 있었다. 뭉크는 1885년 살롱전과 루브르 미술관을 보러 파리를 방문한 적이 있고, 이후 1889년 가을 파리 유학길에 올라 3년 가까이 거주했다. 반면 고흐는 1886년에서 1888년까지 파리에서 거주했기에 아쉽게도 겹치는 시기는 없었다. 미술품 중개상이었던 고흐의 동생 테오

〈별이 빛나는 밤〉 캔버스에 유채, 140×119cm, 1922~1924, 뭉크 미술관
반 고흐의 〈별이 빛나는 밤〉 캔버스에 유채, 73.7×92.1cm, 뉴욕 현대 미술관

반 고흐의 〈귀가 잘린 자화상〉
캔버스에 유채, 60×49cm, 1889, 코톨드 미술관

가 파리에서 노르웨이의 유명 화가 한스 하
이에르달의 판매를 담당했기 때문에, 테오
와 파리에 거주하던 노르웨이 화가들을 통
해서 서로의 존재를 일찍이 알고 있었을지
도 모르지만, 실제로 둘이 만난 적은 없다
고 알려져 있다.

뭉크와 고흐에게 1880년대 파리 화단은
커다란 영향을 끼쳤다. 둘 다 같은 예술가
집단과 어울렸고, 파리에서 인상주의와 후
기 인상주의를 발견했고, 나아가 당대 새로운 화풍을 감지했다. 또한 카메라와 일본 판화
와 같은 당시 새로운 물품들을 접하게 되고, 이것들은 향후 그들의 예술 주제에 대한 선
택과 스타일에 영향을 미쳤다. 더불어 고갱은 뭉크나 고흐에게나 중요한 자극을 준 예술
가였다. 주제를 단순화시키고, 넓은 색면으로 모티프들을 표현하면서 윤곽선을 둘러 형
태를 고정시키는 고갱의 화법과 상징과 암시를 내포한 강렬한 색감 표현은 뭉크와 고흐
에게 의미 있는 영향을 끼쳤다.

더불어 고흐와 뭉크는 둘 다 내적 고뇌와 번민에 고통받은 예술가였고, 그들이 남긴 많
은 편지와 노트, 집필에서 그것이 고스란히 남아 있다. 또한 이 두 예술가는 표현적인 자
화상을 여러 장 남긴 것으로도 유명하다. 훗날 고흐의 인생과 그림들이 세상에 알려지면
서 뭉크는 고흐에게서 동질감을 느끼고 이런 글을 남겼다.

고흐는 그의 짧은 일생 동안 자신의 화염을 꺼뜨리지 않았다. 그는 화염과 숯을 그의 붓
에 불붙였고, 예술을 위해서 자기 자신을 불살랐다. 나는 경제적으로 좀 더 여유가 있고
그보다 좀 더 오래 살고 있지만, 고흐처럼 생각하고 열망한다. 내가 세상을 떠날 때까지
내 불꽃들이 소멸하지 않고 불타는 붓으로 그림을 그리기를.

— 뭉크의 노트(MM T 2748, 1933. 10. 28)

예술은 나의 삶으로부터
비롯된다

나는 예술로 삶과 그것의 의미를 설명하고자 노력한다. 그래서 내 그림들이 다른 이들에게 자신의 삶을 좀 더 명확하게 하는 데 도움이 되기를 바란다.

— 뭉크의 노트(MM T 46, 1930~1934)

그림을 보고 눈물을 흘려본 적이 있는가. 하나의 예술 작품이 인생의 전환점이 될 수도 있다. 죽어 있던 감성을 일깨우고, 인생을 돌아보게 하며, 묻어둔 마음의 상처를 보듬어줄 수도 있다. 꼭 그림이 아니더라도 영화나 글, 음악 등 매체와 상관없이 예술이 인생에 끼치는 영향은, 확연히 드러나지 않을지는 몰라도 참으로 거대하다.

뭉크의 그림은 보기에 아름답지 않을지도 모른다. 그의 그림은 완벽한 아름다움을 추구하는 것도 아니고, 처절한 현실을 사진처럼 묘사하는 것도 아니며, 인상적인 풍경을 보여주는 것도 아니다. 그럼에도 불구하고 그의 그림은 마음에 큰 울림을 준다. 뭉크는 단지 자신의 인생을 그림으로 보여주었을 뿐이다. 그런데 뭉크의 삶을 들여다보니, 내가 아는 누군가의 삶과도 닮아 있고, 내 삶과도 닮아 있다. 뭉크의 상념과 고독은 세기의 예술가라서 특별했던 것이 아니다. 인간이라면 누구나 살면서 한번쯤 생각해봤던 고민들과 경험들, 느껴봤던 감정들이다. 그래서 뭉크의 그림을 보면 동정하게 되고 공감하게 되는 것일까.

뭉크의 그림은 수용의 수준에서만 의미 있는 게 아니다. 서양 미술사에서 뭉크가 이룬 가장 획기적인 발전은 미술의 대상을 자신의 경험에서 찾고, 또 그것을 시각적인 방법으로 표현해냈다는 것이다. 이것은 자각에 대한 이야기이다. 화가란 눈과 손으로만 그림을 그리는 것이 아니라 가슴으로 느끼고 가슴으로 표현하는 사람이다. 이렇게 뭉크는 자신이 느끼는 감정을 새로운 조형 언어와 재료, 기법, 매체로 표현했고, 이를 통해 20세기 현대 미술이 꽃필 수 있는 토대를 마련했다.

노르웨이에 온 지도 어느덧 10년이 가까워간다. 이곳 생활이 익숙해졌다고 생각하다가도 문득 낯설고, 잘 알고 있다고 믿던 것들이 갑작스레 새롭게 다가오기도 하는 시점이다. 이 책을 쓰면서 특히나 그랬다. 뭉크와 관련된 장소들을 찾다 보니, 수시로 무심히 지나치던 곳들이 바로 뭉크가 살았던 곳, 뭉크의 아틀리에, 뭉크가 전시했던 장소, 뭉크의 단골 카페였다. 오슬로 시내 중심만 해도 뭉크와 관련된 곳이 아주 많았다.

　뭉크가 살았던 인생의 자취들을 뒤쫓아 가다 보니 나의 인생도 다시금 되돌아보게 된다. 살아가는 동안 인생을 단정하는 것은 불가능하다. 행운이라고 생각했던 일들이 긴 시각에서 불행의 시작일 수도 있고, 실패라고 생각했던 일들이 이후에 성공으로 가는 첫 단계였을 때도 있다. 인생에서 성공과 실패 혹은 행운과 불운은 생각하기 나름인 듯하다. 뭉크는 자신이 선천적으로 불행한 인생을 타고났다고 항상 생각했지만, 어쩌면 뭉크는 자신이 단정지은 불행 속으로 자신을 밀어넣고 살았던 것은 아닐까. 자신에게 주어진 인생 곳곳의 행복들을 제대로 누리지 못하고 평생 외롭고 고독했던 뭉크가 진정으로 안타까웠다.

　그렇게 뭉크 자신은 외로운 인생을 살았지만, 그는 우리 인간의 공통된 이야기를 보여주고 함께 나누고 싶어 했다. 인간이 일생에서 겪는 생생한 감정들을 다룬 그의 그림들은 시대와 유행을 타지 않는다. 그래서 21세기를 살고 있는 현재의 우리에게도 뭉크의 그림들은 여전히 큰 감동을 선사하는 것이 아닐까. 아마도 인생의 희로애락이 존재하는 한, 뭉크의 그림은 앞으로도 계속 사랑받을 것이다.

뭉크 예술의 키워드

01 죽음

뭉크는 어린 시절부터 죽음과 가까웠다. 다섯 살 때 어머니가 지병이던 폐결핵으로 세상을 뜨고, 열세 살에는 가족 중 가장 각별했던 누이 소피에가 폐결핵으로 요절했다. 뭉크 자신도 이 무렵 생사를 오갈 정도로 몸이 좋지 않았다. 이렇듯 어린 시절에 경험한 가까운 가족들의 죽음, 그리고 죽음에 대한 공포는 뭉크가 화가로 성장했을 때 그림의 주요 모티프가 된다. 그리고 파리 유학 시절, 아버지마저 뇌졸중으로 갑작스럽게 사망한 이후부터 뭉크는 삶과 죽음의 실존적인 문제들을 고민하게 되었고, 이런 생각들은 그의 예술에도 크게 영향을 미친다. 〈아픈 아이〉〈죽음의 침상 곁에서〉〈병실에서의 죽음〉〈죽음과 아이〉 같은 작품들에서는 뭉크가 어린 시절 겪었던 죽음의 비극을, 그리고 〈메타볼리즘〉〈삶과 죽음〉 등의 작품들에서는 죽음을 인간이 가진 숙명의 한 부분이자 자연의 섭리로서 받아들이는 뭉크의 시선을 엿볼 수 있다.

02 사랑

뭉크의 초기 예술의 모티프 중 하나는 '사랑'
이었다. 스물한 살의 청년 뭉크는 여름 휴양
지에서 두 살 연상의 아름다운 유부녀 밀리
타우로브를 만나 첫사랑에 빠지는데, 이때 뭉
크는 여자의 신비로운 매력과 육체적 사랑에
눈을 뜨게 된다. 사랑에 빠졌을 때의 설레고
아름답고 애타는 감정들은 〈키스〉〈여름밤
의 꿈/목소리〉〈이끌림〉 같은 그림들에 직접
적인 영감을 주었다. 이후 짧은 첫사랑의 실
연은 뭉크에게 큰 슬픔과 외로움을 남겼는데,
이를 주제로 그린 그림들로 〈이별〉〈두 사람.
외로운 이들〉 등을 들 수 있다.

03 불안

뭉크는 평생을 신경 쇠약과 불안증에 시달렸
다. 특히 20대에 여러 가지 좌절과 이별을 겪
으면서 불안 증상이 악화되었고, 종종 길에서
졸도했다. 뭉크는 공황에 빠진 상태에서 겪은
느낌들을 기억해서 그림으로 그려내게 된다.
이렇게 그려진 〈절규〉〈칼 요한 거리의 저녁〉
〈불안〉〈절망〉 같은 그림에서는 얼굴이 기괴
하게 일그러진 사람들, 혼돈에 뒤얽힌 산과 바
다, 불안정하게 경사진 구도 등 그가 느꼈던 불
안과 공황의 공포를 그대로 재현하고 있다.

04 절규

평소 신경 쇠약에 시달리던 뭉크는 어느 날 친구
두 명과 저녁 무렵 에케베르그 언덕을 산책하다가
강렬한 저녁노을을 보고 강한 인상을 받는다. 이
강렬한 '시각적' 자극을 자연이 질러대는 거대하고
끝없는 비명이라고 '청각적'으로 느낀 뭉크가 이때
의 경험을 생생하게 표현한 작품이 바로 〈절규〉이
다. 이 그림은 현대에 들어 여러 대중매체에서 수
없이 패러디되고 재생산되면서 전 세계적으로 가
장 잘 알려진 그림 중 하나가 되었다. 비록 뭉크가
〈절규〉에서 표현하고자 한 공포와 불안보다는 과
장되게 놀라거나 광기 어린 모습으로 더 많이 사용
되고 있지만, 어쨌든 뭉크를 널리 알리게 된 뭉크
의 아이콘과 같은 작품이라는 것은 분명하다.

05 여자

뭉크는 크리스티아니아 보헤미안 그룹과 어울리면서
자유연애를 경험하고 여자의 능동적인 성적 욕망에 대
해 깨닫게 된다. 이후 베를린의 검은 새끼 돼지 그룹과
어울리면서 여자의 관능성에 집중하게 되고, 이를 영
감의 원천으로 삼았다. 이때부터 뭉크는 여자의 신비
로운 매력과 출산, 변신, 팜파탈의 파괴력까지 그림의
주제를 확장한다. 그렇게 탄생한 그림들이 〈마돈나〉
〈뱀파이어〉〈질투〉〈마라의 죽음 II〉 등이다. 또한 뭉
크는 좀 더 넓은 시각에서 여자의 일생을 세 단계로 나
누어 한 폭에 담은 그림을 그리기도 하는데, 〈스핑크
스/여자의 세 단계〉〈인생의 춤〉 등이 그것이다.

06 외로움

뭉크의 인생은 외로움의 연속이었다. 한창 친구들과
어울릴 10대 초반, 뭉크 가족은 부르주아 계급이었지
만 노동자 계급의 주거지로 이사를 오게 된다. 계급 차
이가 존재했던 시대였고 뭉크는 병약하여 가정 학습을
받았기 때문에 교우마저도 없었다. 뭉크는 집 안에서
그림을 그리며 외로움을 이겨내다가 결국 화가가 되기
로 결심한다. 한편, 뭉크는 자신의 예술이 정체되었다
고 느낄 때마다 스스로를 고립시켰다. 그리고 결국 말
년에는 에켈리의 집에서 고립과 은둔을 선택하여 홀로
외로이 죽음을 맞는다. 그의 외로움과 고독이 잘 묻어
나는 그림들로는 〈생 클루의 밤〉〈별이 빛나는 밤〉과
같은 그림들을 들 수 있다.

07 오스고쉬트란드

뭉크는 오스고쉬트란드의 자연에서 영감을 받은 그림들을 많이 그렸다. 뭉크가 태어난 곳
은 로텐이었고 그가 자란 곳은 크리스티아니아였지만 뭉크의 영혼의 고향은 오스고쉬트

란드였다. 뭉크는 〈생의 프리즈〉
〈프라이아 프리즈〉〈라인하르트
프리즈〉 등의 많은 작품에서 오
스고쉬트란드의 여름밤 해안 풍
경을 배경으로 사용했다. 뭉크는
이 작은 해안 마을 사람들의 일상
생활도 그림의 소재로 삼곤 했는
데, 〈다리 위의 소녀들〉이 대표적
이다.

08 초상화와 자화상

뭉크는 평생 수많은 초상화를 그렸고, 자화상
도 많이 남겼다. 가족과 친지, 예술가 동료, 후
원자들, 평론가들, 인상 깊은 이웃들 등 초상
화를 그린 대상도 다양하다. 〈그랑 카페의 헨
리크 입센〉〈한스 예게르의 초상〉〈프리드리
히 니체〉는 뭉크가 그린 초상화 중 최고로 꼽
힌다. 또한 뭉크는 자신의 심리 상태가 뚜렷
이 반영된 자화상도 많이 그렸다. 패기 넘치
던 젊은 예술학도 시절의 자화상, 독일에서
큰 성공을 이루던 당시 도도하고 자신감 넘
치는 모습을 담은 〈담배를 든 자화상〉, 툴라
와 이별 후 정신적 공황이 극에 치닫고 있을 때 그린 〈지옥에서의 자화상〉 등이 유명하고,
노년에 이르러서는 외로움과 불안, 죽음에 직면한 늙은 화가의 모습을 담은 자화상을 여
러 점 남겼다.

09 생의 프리즈

사랑과 죽음 등 인생에서 심리적 변화가 큰 사건들을 그리던 뭉크는 이와 같은 일련의 사
건들이 누구나 인생에서 겪게 되는 인생의 한 부분이고 서로 연결되어 있다는 생각을 하게
된다. 그리고 1890년대 초반 그림을 하나씩 완성하면서 그 그림들을 관통하는 거대한 흐
름을 감지한다. 그러면서 그림 하나하나를 개별적으로 보는 것보다 이들을 함께 묶어서 본
다면 자신이 표현하고자 하는 예술을 더욱 효과적으로 전달할 수 있으리라고 생각한다. 그
렇게 하여 1902년 인생의 다양한 모습을 담아낸 연작 〈생의 프리즈〉를 처음으로 선보였
고, 이후 1918년 〈생의 프리즈〉를 집대성한다. 이 인생에 관한 연작은 매번 조금씩 다른 그
림 혹은 버전들로 구성된다. 이는 뭉크의 인생을 보는 시선과 생각의 변화를 보여준다. 〈생
의 프리즈〉는 뭉크의 예술뿐 아니라 인생의 압축본이라 할 수 있다.

10 오슬로 대학 강당 벽화

작품 활동 초기부터 자신의 주변 환경과 심리적 경험에 집중했던 뭉크는 중년을 지나면서 좀 더 원대한 주제에 관심을 기울이게 된다. 그 계기가 된 사건이 바로 오슬로 대학 강당 벽화 공모전이었다. 이 작업을 하면서 뭉크는 민족과 역사에 대한 관점을 그림에 싣게 된다. 그렇게 오슬로 대학 강당에 걸린 〈태양〉〈역사〉〈알마 마테르〉와 같은 그림들은 독립국으로 막 발돋움한 노르웨이의 자주성과 희망을 담고 있다. 당대 공공 미술에서 흔히 보이는 도안적이고 디테일이 강한 그림들과 달리 뭉크의 그림은 단순한 구성과 담대한 화풍을 선보인다. 그리고 보수적인 아카데미즘의 산실인 대학을 장식하는 주요 모티프로 태양, 시골 아낙과 노인을 선택했다는 것도 당시로서는 파격적이었다. 뭉크의 작품은 큰 논란과 소동을 낳았지만 결국 오슬로 대학 강당에 걸리게 되었고, 노르웨이 공공 미술의 대표작으로 손꼽히며 사랑받고 있다.

뭉크 생애의 결정적 장면

1861 크리스티안 뭉크와 라우라 비욜스타드가 결혼하다.
1863 12월 12일, 로텐에서 뭉크가 태어나다.
1864 뭉크 가족이 크리스티아니아(현재의 오슬로)로 이사하다.

1868 어머니 라우라가 폐결핵으로 사망하다

뭉크가 다섯 살 무렵 어머니가 세상을 떠난다. 성장기에 어머니의 부재는 뭉크에게 그리움과 결핍을 느끼게 한다. 어머니 사후 아버지는 양육보다 종교에 집착하고 아이들에게 엄격하며 화를 잘 내고 손찌검까지 했다. 뭉크는 외로움을 느끼며 내성적인 아이로 성장하게 된다. 이후 카렌 이모가 뭉크의 집으로 들어와 살림과 육아를 책임진다.

1875 크리스티아니아에서 노동자 계급의 새로운 주거지인 그뤼네르로카로 이사하다.

1877 누이 소피에가 폐결핵으로 사망하다

소피에의 죽음은 열세 살 사춘기 소년 뭉크에게 평생 잊히지 않는 비극이 된다. 화가가 된 후 뭉크는 소피에의 죽음을 지켜본 경험을 바탕으로 혁신적인 예술을 창조하는 실험을 하게 된다. 그것은 죽어가는 소피에의 모습을 고스란히 그리는 것이 아니라, 그것을 보는 자신의 감정을 그대로 그림에 담아내고자 한 것이다. 그렇게 완성한 그림이 〈아픈 아이〉였고, 이 모티프를 뭉크는 평생 반복해서 그리게 된다.

1881	왕립미술학교에 입학하다.
1882	친구들과 칼 요한 거리 중심에 아틀리에를 임대하다. 같은 건물에 아틀리에를 가지고 있던 사실주의 화가 크로그가 자주 이들에게 미술 강습을 해주었다.
1883	크리스티아니아 산업 미술전에 출품하면서 데뷔하다. 가을 전람회에도 출품하여 좋은 평가를 받다.
1885	처음으로 파리에 가서 루브르 미술관과 살롱전을 보고 오다.

1885 여름 휴가지 보레에서 유부녀 밀리를 만나 사랑에 빠지다

두 살 연상의 유부녀였던 밀리는 뭉크를 육체적 사랑에 눈뜨게 한다. 뭉크는 양심의 가책을 느꼈고, 밀리에게는 한때 바람과 같은 외도였던 이 관계는 수개월 만에 끝이 나는데, 뭉크는 수년 동안 밀리를 잊지 못한다. 밀리는 젊은 화가 뭉크에게 '사랑'이라는 예술의 구심점을 만들어 주었고, 이후 사랑에 빠지게 되는 열정과 이별의 아픔, 외로움, 질투 등 사랑의 다양한 스펙트럼을 다룬 그림을 그리는 데 영감을 주었다.

1886 크리스티아니아 보헤미안 그룹의 수장, 한스 예게르를 만나다

새로운 것에 대한 갈증을 느끼고 있던 젊은 예술가 뭉크는 예게르를 주축으로 하여 부르주아적 인습과 기독교를 거부하는 급진적인 모임에 큰 매력을 느낀다. 예게르의 권고대로 뭉크 역시 자신의 인생을 기록으로 남기게 되는데, 이 기록은 뭉크가 그림을 그리는 데 자주 영감의 원천이 되기도 한다.

1886	〈아픈 아이〉를 〈습작〉이라는 이름으로 가을 전람회에 출품하고 혹평을 받다.
1889	국비 장학금을 받기 위해 크리스티아니아에서 첫 개인전을 열다.

1889 파리로 유학을 떠나다

파리 유학은 뭉크의 예술에서 중요한 역할을 한다. 파리 화단의 다양하고 새로운 화풍과 기법을 보고 배우게 되며, 몽타뉴 휘스 같은 곳에서 받은 인상과 자극에서 뭉크는 살아 있는 인간의 삶을 그려야겠다는 영감을 얻게 된다.

1889	11월에 아버지 크리스티안 뭉크가 사망한다. 갑작스러운 아버지의 부고 소식에 뭉크는 큰 실의에 빠진다. 어머니와 누이에 이어 아버지의 죽음까지 경험하면서 뭉크는 점차 죽음의 비극적 측면보다는 삶과 죽음의 실존적인 고민에 몰두하게 된다.
1890	파리 외곽의 생 클루로 이사하다.
1891	유학 기간을 니스에서 보내다.
1892	유학 후 노르웨이로 돌아와 크리스티아니아에서 유학 검증 전시회를 열다.

1892 베를린에서 첫 전시회를 열다

보수적인 베를린 화단은 이 전시회를 혹평하며 당장 전시장을 폐쇄해버리지만, 오히려 이 소동을 통해 뭉크는 유명세와 함께 여러 전시 기회를 얻게 된다. 베를린에 정착한 뭉크는 스칸디나비아 예술가들의 단골 주점이었던 검은 새끼 돼지 주점에 자주 들르며 이들과 가까이 지낸다. 이들은 문학과 예술에 있어

서 상징주의와 데카당트 미학, 이국적인 방식이나 현상에 깊은 관심을 가지고 프랑스 상징주의 문학에 경도되어 있었다. 더불어 쇼펜하우어와 니체에 심취했다. 여성의 섹슈얼리티는 그들 예술의 주요 영감의 원천이었고 뭉크 역시 이 시절 〈마돈나〉 〈뱀파이어〉와 같은 작품들을 탄생시킨다.

1893	자신이 직접 기획한 베를린 전시회에서 처음으로 5점의 그림을 '사랑'이라는 이름으로 묶어 전시하다.
1894	프시비셰프스키가 뭉크 예술에 대한 첫 번째 책 『에드바르 뭉크의 작품들』을 출간하다.
1895	크리스티아니아로 돌아와 블롬크비스트 갤러리에서 개인전을 열다. 그곳에서 헨리크 입센을 만나다. 남동생 안드레아스가 서른 살의 나이에 폐렴으로 갑자기 사망하다.
1896	파리로 이주하여 아르누보 갤러리에서 전시회를 열다. 오귀스트 클로에서 처음으로 다색 석판화와 목판화를 제작하다.
1897	앙데팡당전에 출품하다. 노르웨이로 돌아오다. 크리스티아니아 디오라마 홀에서 전시회를 열다.

1898 오스고쉬트란드의 작은 집을 구입하다

처음 이용했을 때부터 매년 여름이면 이곳에서 머물렀고, 죽을 때까지도 자신의 소유로 가지고 있었다. 말년에 지인에게 보낸 뭉크의 편지를 보면 이 집을 가리켜 '유일하게 편안한 집'이라고 묘사한다. 그만큼 오스고쉬트란드의 작은 집은 뭉크에게 애착의 장소이자, 마음의 안식을 제공

해주던 곳이었다. 이곳의 풍경과 사람들에게 영감을 받은 그림을 많이 남겼다.

1898	툴라 라르센을 만나다. 툴라를 만나 열정적인 연애를 시작하지만, 뭉크는 이내 그녀와 맞지 않는다는 것을 깨닫게 된다. 뭉크의 사랑을 갈구하는 툴라와 달리 뭉크는 그림을 그리는 데 몰두해야 한다며 그녀와 만나기를 꺼리는데, 그렇다고 그녀와 이별하지는 않는다. 결국 약혼까지 하지만, 관계는 계속 악화되고 툴라는 자살소동까지 벌인다.
1900	이탈리아, 독일, 프랑스, 스위스 등지를 여행하다.
1901	크리스티아니아 디오라마 홀에서 전시회를 열다. 오스고쉬트란드에서 머물다가 가을에 베를린으로 이주하여 아틀리에를 임대하다.

1902 베를린 분리파 전시회에서 〈생의 프리즈〉를 처음으로 선보이다

뭉크 예술의 집약판이라고 할 수 있는 〈생의 프리즈〉가 처음으로 완성형으로 전시되고, 대단한 호평을 받다. 이를 통해서 뭉크는 부유한 독일 후원자들을 만나게 되고 안정적으로 예술 활동을 할 수 있는 여건을 마련하게 된다.

1902   오스고쉬트란드에서 딕텐과 주먹다짐을 벌이다.
         뭉크와 툴라 사이에 언쟁이 오가는 와중에 총기 사고가 발생하여, 뭉크의 왼쪽 중지에 총알이 박히다. 이 사고로 뭉크와 툴라는 이별하게 되다.
         같은 해 독일 뤼벡에 있는 후원자 막스 린데의 집에서 머무르다.
1903   파리에 아틀리에를 임대하다.
         영국계 바이올리니스트 에바 무도치를 만나다.
1904   바이마르를 방문하여 니체의 여동생 엘리자베트를 만나다.
         〈린데 프리즈〉를 완성하지만 거절당하다.
1905   앙리 반 데 벨데가 설계한 사업가 헤르베르트 에셔의 집에 머물며 집을 장식할 그림을 그리다.
1906   니체의 초상화를 완성하다.
1907   〈라인하르트 프리즈〉를 완성하다.
         독일 북부 해변 도시 바르네뮌데에서 여름을 보내다.
1908   코펜하겐 야콥손 정신 클리닉에서 7개월간 입원 치료를 받다.
         노르웨이 국왕으로부터 기사 작위를 받다.
1909   노르웨이로 돌아와 크라게러에 정착하다.
1910   비트스텐의 네드레 람메 농장을 구입하다.
1912   쾰른에서 열린 존더분트 전시회에 고흐, 고갱, 세잔과 함께 초대되다.

1916 오슬로 대학 강당 벽화를 완성하다

오슬로 대학 강당 벽화 공모전은 아울라 분쟁이라 불릴 만큼 노르웨이 화단에 큰 이슈를 몰며 찬반과 논쟁이 많았고 결국 당선자를 고르지는 못했다. 하지만, 결국 뭉크의 그림들이 걸리게 된다. 뭉크는 민족과 전통에서 기반하는 지식을 널리 알리자는 의미를 내포한 그림 연작을 완성하는데, 당시 독립을 이룬 지 얼마 되지 않은 노르웨이의 사회적 상황에서 중요한 의의와 희망을 담고 있다. 이 장식화는 노르웨이 공공 미술의 백미로 꼽힌다.

1916 크리스티아니아 외곽 에켈리에 토지와 집을 구입하고 정착하다.

1918 블롬크비스트 갤러리에서 대규모 전시회를 열고, 처음 〈생의 프리즈〉라는 이름을 사용하다.

1922 〈프라이아 프리즈〉를 완성하다.

1926 오랫동안 정신병으로 고통받았던 동생 라우라가 사망하다.

1927 독일 국립 미술관에서 뭉크의 대규모 회고전을 개최하다. 이후 노르웨이 국립 미술관에서도 순회 전시회가 열리다.

1930 오른쪽 눈이 안과 질환에 시달리면서, 거의 실명 상태에 이르다.

1931 카렌 이모가 사망하다.

1933 노르웨이 국왕으로부터 최상급 기사 작위인 대십자가 작위를 받다.

1940 노르웨이를 침공한 나치 정부가 자신의 예술품을 훼손할지도 모른다는 공포에 휩싸여 자신이 소유하고 있던 모든 예술품을 오슬로 시에 기증하다.

1944 1월 23일 기관지염으로 사망하다.

1963 뭉크 탄생 100주년을 맞아 퇴이엔에 뭉크 미술관이 개관하다.

2013 뭉크 탄생 150년을 맞아 노르웨이 국립 미술관과 뭉크 미술관에서 대규모 특별전 〈Munch 150〉을 개최하다.

2020 비요르비카에 새로운 뭉크 미술관이 개관을 앞두고 있다.

참고 문헌

단행본

Bjerke, Øivind, "Skrik som del av den kunsthistoriske kanon", *Skrik*, Vigmostad & Bjørke, Bergen, 2008

Dedichen, Jens, *Tulla Larsen og Edvard Munch*, Dreyers Forlag, Oslo, 1981

Eggum, Arne, Gerd Woll og Marit Lande, *Munch*, Messel Forlag, Oslo, 1998

Eggum, Arne, *Edvard Munch: Livsfristen fra Maleri til Grafikk*, J.M.Stenersens Forlag AS, Oslo, 2000

Flaatten, Hans-Martin Frydenberg, *Måneskinn i Åsgårdstrand: Edvard Munch*, Sem & Stenersen Forlag, Oslo, 2013

Flaatten, Hans-Martin Frydenberg, *Soloppgang i Kragerø: Historien om Edvard Munchs liv på Skrubben 1909~1915*, Sem & Stenersen Forlag, Oslo, 2013

Høifødt, Frank, "Munchs Madonna–drøm og visjon", *Madonna*, Munch-museet, Vigmostad & Bjørke, Bergen, 2008

Høifødt, Frank, *Munch i Oslo*, N.W.Damm & Søn, Oslo, 2002

Lande, Marit, *Edvard Munch–mannen bak mytene*, Messel Forlag, Oslo, 1996

Langslet, Lars Roar, *Henrik Ibsen–Edvard Munch, To Genier møtes*, J.W.Cappelens Forlag, Oslo, 1994

Næss, Atle, *Munch: en biografi*, Gyldendal, Oslo, 2004

Stenersen, Rolf, *Edvard Munch, Nærbilde av et geni*, Gyldendal Norsk Forlag, Oslo, 1945

Prideaux, Sue, *Edvard Munch–Behind the Scream*, Yale University Press, New Haven and London, 2005

Tøjner, Poul Erik og Bjarne Riiser Gundersen, *Skrik: Historien om et bilde*, Forlaget Press, Oslo, 2013

Ulrich Bischoff, *Edvard Muuch 1863~1944*, Benedikt Taschen, Köln, 1997

전시 도록

⟨Munch og Frankrike⟩ Musée dÓrsay, 24.09.1991~05.01.1992 og Munchmuseet 03.02~21.04.1992, Labyrinth Press, Oslo, 1991

⟨Edvard Munch: Monumentale prosjekter 1909~1930⟩ Lillehammer Bys Malerisamling, 03.06.1993~22.08.1993, Grafisk Service Knut Grønli AS, Lillehammer, 1993

⟨Edvard Munch: Portretter⟩ Munchmuseet, 23.01.1994~03.03.1994, Labyrinth Press, Oslo, 1994

⟨Munch og Ekely 1916~1944⟩ Munchmuseet, 22.11.1998~23.02.1999, Labyrinth Press, Oslo, 1998

⟨Evard Munchs Livsfrise: en rekonstruksjon av utstillingen hos Blomqvist 1918⟩ Munchmuseet, 15.10.2002~15.01.2003, Labyrinth Press, Oslo, 2002

⟨Munch Becoming "Munch": Artistic strategies 1880~1892⟩ Munchmuseet, 10.10.2008~11.01.2009, Labyrinth Press, Oslo, 2008
⟨Munch på papir⟩ Munchmuseet, 02.11.2013~02.03.2014, Mercatorfonds, Brussel, 2013

학술논문

Gluchowaska, Lidia, "Munch, Przybyszewski and the Scream", I: Kunst og Kultur, nr.4, 2013, pp. 182~191.
Langdale, Shelley R., "Graphic Revelations in Paris", I: Philadelphia Museum of Art Bulletin, vol.93, nr. 393/394, summer 2005, pp. 24~47.
Lathe, Carla, "Munch´s Dramatic Images 1892~1909" I: Journal of the Warburg and Courtauld Institutes, vol. 46, 1983, pp. 191~206.
Sawicka, Aleksandra, "Dagny Juel og Stanislaw przybyszewski–Kulturarbeidere for Norge og Polen", I: Folia Scandinavica, vol. 9, 2006, pp. 183~197.

참고 다큐멘터리 영화

Edvard Munch–Let the Scream be heard, by Dheeraj Akolkar, 2013
Munch i Helvete, by Stig Andersen, 2018

참고 인터넷 사이트

뭉크 미술관(Munchmuseet) http://munchmuseet.no
뭉크 미술관 사진 아카이브(Munchmuseet Billedarkiv) https://foto.munchmuseet.no/fotoweb/
노르웨이 국립 미술관 뭉크 컬렉션(Edvard Munch i Nasjonalmuseet) http://samling.nasjonalmuseet.no/no/folder/13
뭉크의 텍스트: 디지털 아카이브(Edvard Munchs tekster: Digitalt arkiv) http://emunch.no/
뭉크의 에켈리(Munchs Ekely) http://munchs-ekely.no
위키원드: 뭉크의 그림 목록(Wikiwand: Liste over Edvard Munchs malerier) http://www.wikiwand.com/no/Liste_over_Edvard_Munchs_malerier
위키아트: 에드바르 뭉크(Wikiart: EDVARD MUNCH) https://www.wikiart.org/en/edvard-munch/

사진 크레디트

004 ⓒ Lene Buskoven, Riksantikvaren | 008, 270 ⓒ R. Væring | 040 ⓒ Munchmuseet | 248 ⓒ Dagfinn Rasmussen, Riksantikvaren | 276 ⓒ Riksarkivet | 288 ⓒ Nasjonalbiblioteket

클래식 클라우드 008

뭉크

1판 1쇄 인쇄 2019년 1월 14일
1판 1쇄 발행 2019년 1월 21일

지은이 유성혜
펴낸이 김영곤
펴낸곳 (주)북이십일 아르테

문학미디어사업부문 이사 신우섭
문학사업본부 본부장 원미선
클래식클라우드팀 팀장 박성근
책임편집 김슬기 박진희 클래식클라우드팀 김유진 최윤지
문학마케팅2팀 도헌정 유지경 오수미 문학영업팀 권장규 오서영
홍보기획팀 팀장 이혜연 제작팀 팀장 이영민

출판등록 2000년 5월 6일 제406-2003-061호
주소 (10881) 경기도 파주시 회동길 201(문발동)
대표전화 031-955-2100 팩스 031-955-2151

ISBN 978-89-509-7896-9 04000
ISBN 978-89-509-7413-8 (세트)
아르테는 (주)북이십일의 문학 브랜드입니다.

(주)북이십일 경계를 허무는 콘텐츠 리더

아르테 채널에서 도서 정보와 다양한 영상자료, 이벤트를 만나세요!
네이버오디오클립/팟캐스트 **[클래식클라우드] 김태훈의 책보다 여행**
네이버포스트 post.naver.com/classic_cloud
페이스북 www.facebook.com/21classiccloud